법성게 강해

【 잃어버린 나를 찾아서 】

법성게 강해

잃어버린 나를 찾아서

— 의상대사 지음, 김상백 풀이 —

운주사

머리말

오래 전, 필자는 스승이신 봉철峰澈 선사로부터 의상 조사「법성게」를 처음 전해 받았다. 당시 게송에 대한 별도의 말씀은 없으셨으나, 돌이켜 생각해 보니, 마치 어머니가 어린 자식에게 음식을 씹어서 입안에 넣어 주는 것처럼, 평소 해주셨던 법문들이 어리석은 필자를 위해「법성게」를 녹여서 풀어주신 것이 아닌가 생각되었다. 몇 년 전 양백정사를 가는 차 안에서 우승택 선생에게 죽기 전에 꼭「법성게」를 풀어서 쓰고 싶다고 했던 말이 문득 생각났다.「법성게」를 홀로 독송할 때마다 가장 가슴에 박히는 구절 중의 하나가 '초발심시 변정각初發心時 便正覺'이었다. 아마 이렇게 쓰게 될 것을 두고 한 말이 아닌지 모르겠다.

신년 들어 어느 날 갑자기 용기백배하여 시작한「법성게」해설은 그간의 공부를 정리하는 방편이 되었다. 정리가 다시 공부임을 깨달아 한 단계 더 앞으로 나아갈 수 있는 도약의 계기가 되길 바랐으며, 평소 게으른 소의 채찍질을 간단없이 하고자 하였다. 그러나 깨달음은 차치하고 해박함도 없이 의상 대조사大祖師

의 게송을 참구參究하다 보니 참으로 민망하기 그지없었다. 그리고 참구하는 동안 「법성게」는 보살도에 입문하는 입학장이자, 윤회를 마치는 졸업장과도 같음을 깨닫게 되었다. 또한 진정한 나를 찾아가는 길에 친절하고 상세한 안내서이자 훌륭한 지도가 된다는 사실도 알게 되었다. 우연히도 이 책은 모두 30장으로 구성되어서 한 달간 공부할 분량이 되었다.

이 책이 의도하는 바는 학술적 접근이 아니다. 단지 부분 부분 작은 깨달음 속에서 같이 할 도반을 찾고 싶었고, 혹시 초발심자에게 조금이나마 도움이 되었으면 하는 간절한 마음이 앞섰기에 이런 만용을 부리게 되었다. 바라건대, 이를 통해 눈 밝은 선지식을 만날 수 있다면 더 없는 복전福田이 될 것이다. 하지만 평소 덕이 부족한 필자로서는 과분한 기대가 아닌가 생각한다. 다행히 '따밥사모'의 우승택 선생으로부터 「십육대아라한예찬문」을 선물 받아 틈틈이 독송한 것이 집필에 큰 힘이 되었다. 깊은 감사를 드린다.

몇 년 전 열반하신 스승 봉철 선사님, 직접 뵌 적은 없지만 얼마 전 입적하신 중국의 남회근 법사님, 그리고 온라인에서만 보았던 홍익학당 윤홍식 선생님께도 이 지면을 빌려 감사드린다. 아울러 작은 안목眼目이나마 밝혀주신 그분들을 비롯해서 여러 선지식의 가르침과 법문에서 많은 부분을 차용했음을 밝힌다. 글 쓰는 재주가 없어 답답해하던 필자에게 많은 팁을 준 후배이자 좋은 도반인 김점용 시인에게도 고마움을 전하며, 옆에서 힘이 되어준 나의 아내와 격이 없는 도반인 시선是禪 거사, 선우불교 박영민 사장에게도 감사함을 전한다. 마지막으로 필자를 낳아주고 길러 주신 부모님께 삼배 올린다.

청마년靑馬年 잡화엄일雜華嚴日

시창是窓 합장

법성계 강해

법성계 강해

1. 法性圓融 無二相 법성원융 무이상

'법과 성품은 원융하여 두 가지 차별된 모양이 아니다.'
'법성은 원융하여 두 모습이 없다.'

시작부터 시비是非의 분별을 일으키니 부끄럽기 짝이 없다. 그래도 오리 다리는 오리에게, 닭의 다리는 닭에 붙여야지 오리의 다리를 닭에게, 닭의 다리를 오리에게 붙여서야 어찌하겠는가! 시비是非 분별은 시비를 제대로 가릴 줄 아는 곳에 있다는 것을 명심해야 한다. 다시 말해서 분별하지 말라는 가르침은 바르게 분별하라는 역설이다. 진공眞空 속에서 헤매지 않고 묘유妙有로 나와 정법正法을 펼치는 것이 올바른 도리道理가 아닌가 생각한다.

먼저 법성法性은 하나의 단어로 볼 수도 있고, 법法과 성性을 나누어 둘로 볼 수도 있다. 법과 성이 합쳐진 하나의 단어로 보면 법성은 진성眞性으로 풀이되고, 간화선의 '이 뭣고'에 대한 한 소식이기도 하다. 진성이란 여법如法과도 같은 의미를 지닌 단어이다. 여법하다는 이야기는 자신이 무슨 뜻, 어떤 행동을 하든 간에 항상 진리와 일치한다는 말이다.

법성法性을 한 글자씩 둘로 나누어 보면 먼저 법法이란 본질이나 본체, 또는 진리에 대해 겉으로 드러난 현상, 또는 규칙이나 규범 따위를 말한다. 파자破字하면 물 수水와 갈 거去로서 물이 높은 데서 낮은 곳으로 흐르는 자연의 법칙을 형상해서 법法이라 했다. 여기서는 불법佛法을 의미한다. 주객으로 나누면 이때 법法은 객체인 대상·경계로 보고, 성性은 주체로서 본성, 근본을 의미한다.

성性이란 파자하면 마음 심心과 날 생生, 마음이 생겨났다는 의미이다. 그런데 사물의 본질이라는 의미로 다가가면 동양학에서 자주 거론되는 음陰과 양陽, 정靜과 동動처럼 성性과 법法은 체體와 용用으로서 쌍雙을 이루고 있다. 여기서 법은 드러난 양과 동이고, 성은 숨겨진 음이며 정이다. 또한 법은 사事요, 성은 이理라 할 수 있다.

연꽃은 꽃을 피우기 전에 이미 씨를 같이 품고서 꽃을 피우듯 겉으로는 나누어져 보이지만, 법과 성은 본래 둘이 아니다. 합쳐진 법성은 우리가 찾아야 할 잃어버린 '나'요, 마음이다. '법성이 원융圓融하다' 함은, 법의 성품은 모든 일에 원만하게 융합하여 정통하고 통달通達하며, 일체 변화에 얽매이지 않고 동, 서, 남, 북, 상, 하 사방팔방으로 자유자재하게 두루하여 조금도 막힘이 없다고 풀이한다. 원융은 회통會通의 근거가 되며 일체를 회통시키는 힘의 원천이다.

법성을 거론할 양이면 소위 한 소식, 한 자리에서는 평소와 다름없다. 달리 세상이 바뀌는 것 없이 '있는 그대로'다. 법성은 비로자나 부처님, 즉 있는 그대로의 순수한 모습을 드러낸, 그 현상과 본질이 동시에 나타나는 두 세계를 하나로 묶어서 편안하게 통일된 모습으로 비추어지는 상태를 의미한다.

'무이상無二相'의 뜻은 '두 가지 모습이 아니다'라고 푼다. 법성은 심물일원心物一元이기에 모습은 견해로부터 나오며, 견해는 마음을 근원으로 한다. 비유하건대 관상을 보는 것, 꼴을 보는 것은 그 사람의 마음을 보기 위함이다. 여기서 '법성은 두 가지 모습을 하지 않는다'라는 말은 사바세계, 속세에서도 진리는 그대로 드러난다는 것이다.

이러한 법성을 깨닫기 위해서는 적합한 수행과 그에 따른 깨달음이 있어야 하는데, '법성원융 무이상'의 해설과 함께 구체적으로 설명해 보겠다. 깨달은 사람의 위치라면 현실과 이상이, 즉 극과 극이 대립되는 세계에 있지 않다. 이렇게 대립적 구도를 피하는 것을 달리 표현하면 양변을 여의었다고 한다. 양변을 여의었다는 말은 양극을 모두 다 놓아버렸다고 직설적으로 풀이하는 것보다 '이것도 아니고 저것도 아니지만, 이것이 아닌 것도 아니며 저것이 아닌 것도 아니다'라는 중도中道적 표현이 더욱 어울린다. 이처럼 커다란 포용은 체득體得함으로써 이루어질 수 있는, '느낌(受)'이 아닌 '깨달음(覺)'이다. 또 다르게 표현한다면 이는 '자재自在하다'라고 말할 수 있다.

체험은 대부분 개인적인 느낌이 기준이 될 수밖에 없지만, 선지식(善知識, 스승)이 있다면 그 느낌을 살려서 느낌도 벗어난 깨달음의 자리로 이끌어 줄 수가 있다. 나중에 안 사실이지만, 깨달음의 척도는 바라밀波羅蜜이다. 깨달음을 얻은 후 실천하는 행동으로 진정 도道를 체득했는지에 대한 진위 여부가 판가름이 나며, 반면 보림保任 단계에서는 그러한 바라밀이 오히려 완전한 도를 이루는 데 수행의 채찍이 되기도 한다.

사실 이 첫 문구에서 깨달으면 뒷이야기는 필요 없다. 나중에 나올 문구지만 '증지소지 비여경證知所智 非餘慶'처럼 깨달음 이전이나 이후에도 대상과 세계, 사물의 전반은 전혀 새로울 바가 아니다. 오직 자신만이 새롭게 거듭날 뿐이다. 이는『금강경』첫 소절에 석가모니 부처님께서 탁발을 마치시고 손발을 씻고 자리를 펴고 앉아 마무리하시는 모습으로, 소위 '환지본처還至本處'하시는 모습과도 같다. 말없이 말씀을 펴시는 '무위無爲'의 강론처럼 말이다. 평소에 행하시던 그대로의 모습은 깨닫고 나서도 별 난 모습이 아니기 때문이다. 이 자리에는 신통이나 기적이 있을 수 없다. 이런 신통이나 기적은 세파의 부정적인 것들을 피하려 고 하거나, 스스로 간절하게 원하는 것들로 구성된 욕망이나 욕 심에서 비롯된 것들이기 때문이다. 신통이나 기적은 수행에 있어 서 그저 여백일 뿐이다.

위에서 언급한 바라밀은 중국 선종의 초조 달마 스님의 「사행 론四行論」 중에서 보원행(報怨行: 내게 다가오는 모든 원한들을 기꺼 이 받아들이는 자세로서, 원인과 결과 중에 일단 모든 원인을 다 받아 들임으로써 인因의 종자를 메말려 더 이상의 결과를 없애는 수행 자세) 이나 무소구행無所求行과 같이 긍정과 부정의 양극을 모두 다 놓 아버려 수행의 완성도를 높이는 소중한 초석이기도 하다. 이러한 바라밀은 이론이 아닌 실제 생활에서 부딪히는 번뇌와 갈등에 대 하여 즉각적으로 반응하는 수행의 방편이자, 이를 통해 스스로 자증自證할 수 있는 회광반조廻光反照의 기회를 마련한다.

이와 같이 수행에는 여러 방면이 있지만, 저자의 입장에서 기 특한 것은, 몇 가지 중에 제일이 간화看話와 호흡이다. 물론 염불 도 빠르게 들어가는 수행이다. 먼저 수행에 있어서 제일은 집중集 中이다. '주유소 습격사건' 같은 영화의 한 장면이 생각난다. 내용 은 싸움 장면인데 싸움꾼이 여러 명의 상대 중 오로지 딱 한 사람만을 지목한다. 나머지 사람들이 자신을 해친다 해도 자신은 스스로가 지목한 한 사람만을 상대한다는 것인데 여기까지는 선택이다. 다음은 오직 한 사람만을 공략하는 것이 바로 집중인 것이다. 즉 한 가지 일에 힘을 쏟아 붓는 것이다.

염불, 참선, 주력, 절 등 여러 수행방편 중에 자신이 적당하다고 생각되는 수행법을 찾았으면 우선 일단은 무조건 밀고 나가야 한다. 이것 조금, 저것 조금씩 집적거리다가 보면 시간과 공력이 다 흐트러져서 열매 맺기 힘들게 된다. 일단 주부主部가 있어야 된다. 아무리 좋은 수행법이 새로 나왔다고 해도 기존에 했던 것을 유지하면서 부수적으로 해보는 것이 좋다. 후차적인 수행법이 좋으면 선행했던 수행법이 효과를 본다. 그리고 수행법을 바꾸는 것은 나중 문제이다. 이런 문제는 비단 수행법뿐만 아니라 경전에서도 볼 수 있는데, 모든 경전에서는 다른 어떤 경전보다 현재 읽고 있는 이 경전이 가장 수승하다고 말한다. 그러나 모든 경전의 가르침과 모든 수행법은 한곳에서 만난다.

결국 어떤 수행방편을 쓰든지 간에 '본래면목本來面目', 즉 '나는 누구인가'와 같은 원초적 질문에 다가서야 한다. 그리고 이렇게 근본적으로 의구심이 들지 않는다면 간화선 수행법은 힘들다. 간화라는 말처럼 화두話頭는 몰입할 수 있는 방편으로 쓰는데, 이때 몰입의 힘이 바로 '의구심'인 것이다. 이 의구심이 없으면 화두는 소위 '사구死句'처럼 의미 없는 화두가 되고 만다.

따라서 별도의 의미를 두지 않는 수행방편으로는 '호흡'을 관하는 수행법이 있다. 들이쉬고 내쉬는 들숨과 날숨을 지켜보는 방법이다. 이것은 뜬금없이 일어나는 생각들을 멈추게 하고, 관찰 대상인 호흡에 몰입함으로써 마음을 멈추는 지법止法과 멈춰진 것을 바라볼 수 있는 관법觀法으로 하는 수행이다.

모든 종교적 수행의 첫걸음은 '지(止, 멈춤)' 수행으로부터 시작된다. '지' 수행은 어떤 종교든 간에 공통적이다. 이는 마치 흙탕물이 담긴 물 컵을 어찌하면 흙이 가라앉은 깨끗한 물 컵으로 바꿀 수 있는가라는 질문의 답과 같다. 물 컵에 손을 대지 말고 평평한 곳에 가만히 놔두는 것, 일명 '방하放下'라고 하는데, '가만히 내려놓기(放下着)'가 지止 수행인 것이다.

비유하건대 물 컵은 마음이고, 흙탕물은 번뇌와 잡생각이다. 물 컵에 손을 대지 않는다는 것은 잡생각을 하지 않는 것이다. 나아가 잡생각이 생겨도 그 생각에 따라가는 것이 아니라 그 일어난 생각을 가만히 지켜볼 뿐이다. 그 일어난 생각을 지켜보는 순간, 일어난 생각의 바탕도 동시에 인식되는데, 그 인식되는 것은 본래 바탕이 공空하다고 느껴지며, 느껴지는 그 이상으로는 '공하다는 생각'도 없는 무념의 상태로 돌입하게 된다.

가만히 내려놓은 상태에서 물이 맑아지면 깨끗한 '정淨'의 상태가 된다. 이 정淨의 경계가 바로 수행의 자산이요, 든든한 바탕이 되는 것이다. 굳이 도덕과 규율을 들먹이지 않아도 자연스럽게 계행이 이루어지는 단계에 접하게 된다. 이렇듯 맑고 깨끗함이 바탕이 되면, 소승 불법의 수행 단계인 계향, 정향, 혜향, 해탈향, 해탈지견향과 같이 오분향의 첫걸음으로써 수행의 에너지가 되는 것이다.

수행 이전에 교법教法으로서 도대체 생명의 본질이나 자신에 대한 근원을 찾는 문제에 대해 경전에서의 가르침은 어떤 것이 있나 궁금할 것이다. 사실 나는 수행 후 거의 십여 년이 되고도 한참이 지나서야 이런 해답이 경전에 나와 있는지를 알았다. 나의 스승은 선사이셨기에 깨달음이 우선인 수행으로 유도하셨다. 그래서 불경을 먼저 펼치는 것을 금하셨지만, 우선 나의 게으름이 제일 큰 원인이었다.

불경에 수록된 것 중에 제일 수승하다는 수행법으로 관세음보살이 수행했던 이근원통耳根圓通이란 수행법이 있는데, 요지는 이런 것이다. 종소리나 바람소리나 사람 목소리나 일단 어떤 소리가 들리면 자신이 그 소리를 듣고, 그 소리를 들을 수 있는 무엇인가가 있다는 것을 아는 것이다. 바로 그 소리를 듣는 놈은 무엇인가 하고 깊이 생각해 보면 바로 그 듣는 힘, 듣는 그것, 그것은 내가 생겨나기 전이나 죽은 후에도 불생불멸의 자리에 있다는 것을 깨달을 수 있다. 청정재음문淸淨在音聞이라, 청정함이 소리 듣는 곳에 있다!『능엄경』에 의거하여 간략하게 부연하면, 보고 듣는 성품을 보아 근根의 막힘을 넘어서는 것을 '원통圓通'이라 하고, 듣는 자성自性을 돌이켜 들으면 그 성품 무상도無上道를 이루니 이를 원통이라 한다고 하였다.

또 다른 수행법으로는 안다는 것, 지知를 느껴보는 것으로부터 시작한다. 알 지知자는 유교儒敎에서 자주 나오는 단어이기도 하며 깨달음으로 이끄는 단초이기도 하다. 그것은 나이를 먹어도 변함이 없다. 경전에서는 부처님께서 왕에게 설법하는 장면으로 묘사된다. 어릴 적 갠지스 강을 바라보며 '이것이 갠지스 강이구나!' 하고 아는 '그것'과 백발이 성성한 나이를 먹고서 갠지스 강을 아는 '그것'에 대하여, 불변하는 '그것'에 대해 강론한다.

간화선에서 많이 참구하는 '이 뭣고'와도 같은 화두 수행법이 있다. '이것은 무엇인가' 하고 의심을 일으키는 '그놈'을 찾은 상태가 일명 견성見性이라고 한다. 견성은 바로 불성을 바라보는 것과 같으나 불성을 이룬 것은 아니다. 몰록 깨쳤다고 일체 모든 업이 바로 소멸되는 것은 아니듯이, 견성은 십우도十牛圖에서 비유한 것처럼 수행의 첫걸음임을 잊지 말아야 한다.『화엄경』에 나온 수행의 완성 단계가, 예를 들면 일주보살이나 초지보살로부터 시작하는 단계가 있듯이, 단박에 성취된 것처럼 굴지 말라는 것이다.

이렇게 수행을 인지(因地, 이루는 과정)라고 하면, 꽃으로 비유
컨대 연꽃이라 할 수 있다. 연꽃이 꽃을 피우기 전에 이미 씨를 같
이 품고서 꽃을 피우듯, 원인은 단순하게 인因만 존재하는 것이
아니라 그 원인 속에는 이미 결과가 포함되어 있다는 것이다. 이
와 같이 수행의 첫걸음은 이미 완성된 모습이 담겨져 있다는 뜻
을 사전에 내포한다. 나중에 소개될 「법성게」의 '초발심시 변정
각初發心時 便正覺'이라는 내용이 '무이상無二相'과 그 의미를 같이
한다.

무이상無二相, 즉 '두 가지 모양이 아니다'라는 말은 깨달음에
별도의 경계가 있다는 것이 아니다. 깨달음에는 어떠한 경계도
없다. 선종의 오조 법연 선사 말씀처럼 법문위무문法門爲無門이라,
무엇이 부처를 이루는 수행법이냐고 묻자, '방법이 없다'라고 답
한 것은, 무문無門이란 실제 방법이 없다는 것이 아니라 어떤 방
법으로든 다 불법에 도달할 수 있다는, 오히려 무수한 방편이 있
다는 것이다. 불교적 용어의 무無란 역설적으로 유有의 끝없음을
일컫는 말이기도 하다. 선가禪家에서의 '말에 끄달리지(끌려서 따
라가지) 말라'는 것이 바로 이런 경계를 두고 한 말이다.

깨달음의 경계란 현재 있는 상태 그대로다. 눈에 보이고 느끼
고 감각되는 상태가 달라지지 않는다. 이 상태 그대로가 바로 보

리菩提인 것이다. 번뇌 즉 보리라는 깨달음도 여기서 출발한다. 스스로 자증自證된 상태에서, 주객主客을 벗어난 상태에서 바라보는 주객은 이미 주객으로서의 의미를 상실한 주객이다. 굳이 다시 말한다면 한 통속의 주객이라고나 할까. 똑같은 시공간에 존재하여 앉았는데, 한 사람은 천국이라고 하고 다른 한 사람은 지옥이라고 하는 것은 중생의 전도된 견해로 바라보기 때문이며, 무이상無二相이라는 진리를 체득하지 못했기 때문이다. 다시 말해서 마음의 본바탕은 공한데 둘로 나누어 보는 것은 바른 견해로 비롯됨이 아니니 두 가지 모습, 이상二相으로 보지 말라는 것이다.

이런 상태의 기준점은 바로 마음이다. 그러나 깨닫지 못한 상태에서 마음이란 이미 오욕과 칠정에 물든 오염된 마음이다. 깨닫고 난 후에 마음이란 불생不生의 성질을 가지고 있으며, 한편으론 불멸不滅의 모습도 띤다. 바깥 경계가 아무리 더럽고 추하더라도 본래면목本來面目은 절대 물들지 않기 때문이다. 더 나아가 스스로 소유된 자신의 마음이 아닌, 에고Ego로부터 출발된 마음이 아닌, 총체적 우주로서의 마음, 본질적 바탕을 그대로 드러낸 마음, 처음부터 일체가 다 섭렵된 마음, 그 무엇에도 구속되지 않는 대자유의 마음에 대해 개안開眼한 상태에서 바라본 상相은 두 가지일 수 없다.

상相이란 비추어진 것으로서 마음은 거울과 같이 작용한다. 오염되지 않은 마음에서 바라본 경계는 왜곡되지 않기에 차별되어 인식되지 않는다. 차별하는 마음이 없으면 대상은 왜곡되지 않는다. 그리하여 본래 성품을 회복한다면 모든 경계는 본래 마음과 일치되어 나타난다. 여기서 성품의 회복이란 이미 법성이 원융하다는 것이다.

성품의 회복은, 종교마다 수행의 단계나 성질은 조금씩 다르지만, 일단 참회나 회개 또는 반성을 통한 깨달음으로부터 시작된다. 마음이 공空하다는 것을 깨닫고, 죄와 복이 공하다는 것을 깨닫고 나니 본래 법성이 원융하여 마음과 일체 경계가 딱딱 하나로 들어맞는다. 이는『반야심경』에서 말하는 대상의 경계에 이끌려서 살아온 주객이 전도된 몽상적인 중생세계를 탈출하는 것이고, 흔히 자주 접하는 '수처작주隨處作主 입처개진立處皆眞'처럼 주인공의 삶을 살아가는 것이다.

2. 諸法不動 本來寂 제법부동 본래적

'일체 법은 움직이지 않고, 본래 적멸하다.'

여기서 법이란 절대가 아닌 드러난 현상을 나타내는 상대적 개념이다. 제법諸法과 부동不動을 나누어 풀자면, 먼저 제법은 일체 모든 법, 즉 어떤 현상이나 우주 일체가 드러난 모든 모습, 만유萬有를 일컫는다. 그리고 부동은 법의 본질을 나타내는 말이다. 다시 말해서 만유의 속성은 본래 적멸寂滅하다는 말이다. 앞에서 보았듯이 법法자를 파자破字하면 물이 흘러가는 모양이다. 법은 동動의 입장에 있으나 동은 정靜을 바탕으로 한다. 본체가 정靜하지 않으면 현상은 절대 동動할 수 없기 때문이다. 여기서 부동이란 정靜을 의미한다. 따라서 일체 법은 정靜을 바탕으로 한다.

한 단계 더 나아가 보건대, 수행적인 측면으로 본다면 부동은 적멸과는 질적으로 좀 다르다. 부동이란 어떤 현상을 말하며, 적멸 이전 단계로 이해해야 한다. 적멸이란 적적寂寂함마저도 멸한 단계로서 양극단을 모두 벗어난 중도中道이며 이는 현상이 아니다. 부동을 협의적으로 해석한다면 부동은 동동動의 대치적 개념으로서 양변의 극단에 서 있게 된다. 지구가 돌고 있어도 돌고 있다는 사실을 전혀 느끼지 못하는 것처럼, 좁은 체험과 견해를 가진 주관적 입장에서는 절대로 객관을 완전하게 이해할 수가 없다. 주객을 던져버린 상태, 즉 무아無我가 되었을 때만이 양 극단을 여읠 수 있기 때문이다.

『열반경』에 "제행무상諸行無常 시생멸법是生滅法 생멸멸이生滅滅已 적멸위락寂滅爲樂"이라는 경구經句가 있다. 제행諸行은 위의 제법과도 성질이 같은데 무상無常, 즉 항상함이 없다. 제행은 항상 움직이며 끊임없이 변화한다. 이를 생멸법이라고 하는데, 나고 죽는 법을 말한다. 생멸이란 육체적 목숨의 생生과 사死를 의미하기도 하지만 작게는 생각이 일어나고 사라지는 것을 의미한다. 생멸멸이生滅滅已, 즉 나고 죽는 것이 모두 사라졌을 때, 모든 번뇌로부터 자유로워졌을 때 이를 해탈이라 일컫는다.

그러나 해탈은 마지막 단계가 아니다. 위의 주제인 '본래적本來寂'이라는 의미와 같은 적멸이 되어야 비로소 도道가 완성된다. 이렇게 완성된 도의 본질은 적멸상을 띠고 있기 때문에 결국 제법은 부동하다고 표현한 것이다.

예불禮佛 때 하는 오분향五分香에서는 계향戒香, 정향定香, 혜향慧香, 해탈향解脫香, 해탈지견향解脫知見香이라 하는데, 해탈지견향이란 해탈했다는 견해조차 놓아버려야 한다는 것이다. 여기서 지견知見이란 현상이나 경계를 보고 이치를 아는 것을 말하는데, 원래 지견이란 지견무견知見無見의 약자이다. 다시 말해서 지견하여도 견見조차 없는 상태, 보고 알아도 앎이 없는 상태를 의미한다.

이는 『장자』의 '망적지적忘適之適'과도 뜻을 같이 한다. 적당함을 잊었을 때가 바로 적당하다는 것이다. 만족함을 잊었을 때가 바로 가장 만족한 상태라는 것이다. 그러니 깨달았다는 것 역시도 '나는 깨달았다'고 하면 그는 이미 깨달음의 문밖에 있다. 그래서 선종禪宗에서는 격외도리格外道理로서 진리란 '말할 수 없다'는 가르침을 주고 있다. 말로써 무엇인가를 조작하려는 마음은 진리와 상반되었기에, 이미 그르쳤다고 깨우침을 주는 것이다. 이는 노자 『도덕경』의 '도가도 비상도道可道 非常道'라는 첫 대목과도 일치한다.

따라서 진정한 열반이란, 적멸했다는 것조차 잊을 때 적멸상을 띠며, 그 경계는 위락爲樂으로서 세속적 즐거움이 아닌, 법열法悅로 완성된 상락아정常樂我淨의 즐거움을 말한다. 그러나 이러한 적멸상은 현실과 구분하여 별도로 있는 것이 아니라 제법諸法, 즉

'지금 이 순간 이 자리'에 있다. 많은 사람들이 세속적으로 추구하는 것은 마음 밖에 있는 것으로 착각한다. 행복도 불행도 모두가 스스로 자신의 마음에 이미 담겨져 있다는 사실을 안다면 밖으로 구하러 다니는 우愚를 범하진 않을 것이다.

이에 대해 남회근 선생께서는 다음과 같이 간략하게, 삼위三位를 기가 막히게 회통會通시킨 문구로 정리하셨다. "법신이 어리석지 않음이 반야요, 반야가 집착함이 없음이 해탈이며, 해탈이 적멸함이 바로 법신이다." 그래서 선종 초조인 달마 스님께서도 밖으로 집착하여 상을 내지 말고 무소구행無所求行을 수행의 방편으로 말씀하셨다.

보리달마의 「사행론」을 보면 보원행報怨行, 수연행隨緣行, 무소구행無所求行, 칭법행稱法行이 수행의 단계로 되어 있다. 즉 일체의 모든 원한(怨恨, 인因)을 다 받아 과果를 소멸하며(보원행), 평상심의 마음으로써 인연 따라 행하고(수연행), 밖으로 집착하지 않아 구하는 마음이 없으며(무소구행), 있는 그대로의 마음으로 바라밀을 행함(칭법행)이 여시如是 진여眞如요, 법성法性이라는 것이다.

이러한 법성의 현실적 경계와 부동심不動心이 만들어 낸 화평和平을 노래한 선시禪詩 한 수로 이 장을 마감하고자 한다.

봄에는 꽃이 피고 (작자미상)

춘유백화추유월春有百花秋有月

하유량풍동유설夏有凉風冬有雪

약무한사괘심두若無閑事掛心頭

편시인간호시절便是人間好時節

봄에는 온갖 꽃이 만발하고, 가을에는 둥근 달이 높이 뜨네.

여름에는 청량한 바람 불고, 겨울에는 하얀 눈이 소복하다.

번거롭고 잡다한 많은 일들, 마음에 한 점 없이 접어둔다면

우리네 세상살이, 이보다 편한 일 어드메에 있겠느뇨!

3. 無名無相 絶一切 무명무상 절일체

'(법성은) 이름도 없고 모양도 없고 일체 모든 것과 끊어졌다.'

석가모니 부처님께서는 사성제(고苦, 집集, 멸滅, 도道)를 설하시면서 이와 버금가게 12연기十二緣起에 대해 말씀하셨다. 여기서 연기緣起란 인연생기因緣生起의 줄인 말이다. 즉 인연으로 생기한다는 뜻이다. 12연기는 '이것이 일어나므로 저것이 일어나고, 이것이 소멸하므로 저것이 소멸한다'는 단순 연기를 가지고 보다 구체적으로 한 생명이 어떻게 시작하여 끝없는 윤회를 하는지, 그 윤회의 고리를 어떻게 하면 끊을 수 있는지를 설명하신 것이다. 12연기는 무명無明으로 인해 행行이 일어나고, 행으로 인해 식識이 일어나며, 연쇄적으로 명색名色, 육입六入, 촉觸, 애愛, 수受, 취取, 유有, 생生, 노사老死가 일어나며, 또다시 무명으로 인하여 생명을 이어받아 끝없이 윤회한다는 것이다.

생명 탄생의 근원은 일단 무명無明으로부터 시작한다고 하셨다. 무명이란 별도로 실체가 있는 것이 아니며, 쉽게 이해해서 일단 '무지無知'라고 생각해도 무방하다. 근본 진리에 대한 어두움, 생명의 기원에 대한 무관심, 삶과 죽음에 대한 몰이해 등 자신에 대한 근원적 물음을 회피하는, 아니 그러한 물음조차 할 수 없는 어리석음을 간단하게 말해 '무명'이라 한다. 무명으로 인해 행行이 일어난다. 행은 업력業力이며 생명력이다. 그래서 정자와 난자가 만났을 때의 힘을 행음行陰이라고 한다. 우리네 인생이란 좀 과장되게 표현한다면 업(業, 까르마Karma)만 남아 헐떡거리는 것이다.

식識은 눈, 귀, 코, 입, 몸을 통해 다섯 가지 인식 작용이 일어나는데 이를 전오식前五識이라 한다. 그리고 인식의 주체로서 의식이 제6식으로 자리 잡는데 욕계, 색계, 무색계 삼계는 제6식인 의식意識 안에 있다. 불교 유식학唯識學에서는 인간의 인식 구조를 일반적으로 팔식八識으로 나누는데 제7식을 말라식末那識이라 한다. 제7식은 나를 구성하는 자아自我로서 제6식인 의식을 통제하며 8식을 근본으로 한다. 제7식은 눈앞에 드러난 경계를 판단하지 않아도 곧 알아보는 식識의 작용이다. 제8식은 아뢰야식의 종자 작용으로서 과거로부터의 모든 행위를 자신도 모르게 저장하는 창고와 같다.

 이런 유식학을 통한 수행의 궁극적인 목표는 오직 심식心識뿐이라는 유식의 실성을 증득하게 됨으로써 허망한 분별 인식을 전환하여 지혜로운 마음을 얻는 것이다. 따라서 깨달아 식識이 청정해지면 사식四識이 사지혜四智慧로 변환되는데, 제5식은 성소작지成所作智, 제6식은 묘관찰지妙觀察智, 제7식은 평등성지平等性智, 제8식은 대원경지大圓鏡智로 바뀐다. 이를 선가에서는 "불조출세佛祖出世가 무풍기랑無風起浪이라"는 말로 비유한다. 무풍기랑無風起浪이라, 즉 바람도 없는데 파도가 인다는 표현이 절로 나온다. 유식으로 비유하자면 이렇다. 바다는 우리네 마음을 상징하고, 이때 부는 바람은 업력(業力: 업력 종자의 힘)이며, 파도는 인식 작용을 은유한 말이다. 그러므로 무심처無心處에 들어 대상을 업력으로 보지 않고 법성의 힘(법력法力)으로 보기에 '있는 그대로 보는 것'을 바람 없이 파도가 일어난다고 말하는 것이다. 엉터리 해설들이 너무 많아서 잠시 두서없이 적어 넣었다.

 한편, 이를 『선문촬요』「보조수심결」에서는 다음과 같이 말한다.

 전하는 말에 이르길 '단박에 깨치면 부처와 같지만, 많은 생의 습기가 깊구나. 바람은 멈췄으나 물결은 아직 출렁이고, 이치는 나타났으나 망상이 그래도 침노한다'고 했다.

......

그러므로 깨달은 뒤 오래오래 밝히고 살펴서 망념이 일어나거든 결코 따르지 말고, 덜고 또 덜어서 더 할 것이 없는데 이르러야 비로소 완전하리니, 천하의 선지식이 깨친 뒤에 수행을 한 것도 바로 이 때문이다.

심리학에서 말하는 무의식이란 유식학에서는 제6식의 일부분이다. 즉 의식의 일부로서의 잠재의식이다. 따라서 제7식과 제8식은 무의식이 아니다. 또한 제8식은 의식과 무의식을 넘어선 것으로서 무명과 불성佛性이 공유하는 것처럼 보인다. 그래서 다른 학파에서는 제8식을 제9식, 제10식까지도 나누는데 학술적인 것은 일단 배제하기로 한다.

이런 식識으로 인해 명색名色이 일어난다. 석가모니 부처님께서는 중생이 이 식識이 자신인 줄로 착각할까봐 걱정하시며, 조건 지어서 발생하는 현상적인 것으로서 체성體性이 공空함을 가르치셨고, 『금강경』에서는 네 가지 상(아상我相, 인상人相, 중생상衆生相, 수자상壽者相)에서 떠나라고 가르치셨다. 따라서 생명이란 본래 없다.

명색名色이란 마음과 물질이 혼합한 것으로 명名은 정신적인 것이고, 색色은 지地, 수水, 화火, 풍風과 같은 물질적인 것이다. 다시 말해 명색이란 중음신(中陰身: 영혼 또는 등류습기等流習氣는 생명현상의 입장에서 거론함)이 정자와 난자의 결합으로 산모의 태안에 들어간 상태를 의미한다. 여기서 등류습기란 다른 중생이 성적性的 관계를 가질 때 합류하여 새로운 생명을 받는 '씨'이다.

잘 살펴보면 '이름과 모양'에 집착한 제7식인 자아가 '나'라는 존재를 확고히 하기 위하여 자自와 타他를 나누고, 대상과 사물에 대하여 이름 짓고, 제5식, 제6식을 통해 분별하여 싫고 좋음의 감정을 드러낸다. 결국 좋다, 싫다의 감정은 십이연기 중에서 애愛, 갈애渴愛를 의미하는데, 이는 윤회를 하는 근본 원인이 되며, 수행의 목적은 바로 이 갈애를 끊어버리는 데 있다. 이처럼 갈애의 씨를 말려버리는 좋은 방법은 선종 삼조三祖 승찬대사僧璨大師의 「신심명信心銘」 첫 구절에 있는데 결론은 '분별하지 마라'이다.

지도무난至道無難이요
유혐간택唯嫌揀擇이니
단막증애但莫憎愛하면
통연명백洞然明白이라.

도에 이르는 것은 어려울 것이 없다.
오직 가려서 선택함을 꺼릴 뿐이다.

단지 미워한다, 사랑한다고 하지만 않는다면
막힘없이 뚫려 명백하니라.

  법성法性이란 위의 '절일체絶一切'된 것으로서 절絶의 의미는
'끊어져 있다'는 것보다 '오염되지 않았다'라는 표현이 더 적합하
다. 법성은 중생계와 따로 떨어진 별난 물건이 아니기 때문이다.
처염상정處染常淨이라. 비록 오염된 곳에 있어도 일체 경계로부터
항상 끊어져 있기에 깨끗함을 유지한다. 절일체가 끊어져 있다는
의미로 사용될 경우에는, 법성은 일체 인연의 그물에 걸리지 않
는다는 말이다. 중생의 모든 인연의 엉킨 실타래를 과감하게 잘
라 끊어냄으로써 본래의 모습을 회복하며, 되찾은 법성으로 새로
운 인연의 실을 뽑아내는 것을 절일체라고 역설적으로 표현한다.
  절일체絶一切된 모습은 이름과 모양이 생겨나기 이전의 상태이
며, 시간과 공간을 넘어선 자리다. 모든 사물은 처음부터 이름 지
어지지 않았다. 인간 스스로 구별하기 위해 이름 지은 것이지, 만
일 처음 보는 물건이라면 그것을 무엇이라 하겠는가? 갓난아기
가 처음부터 이름을 가지고 나오지 않은 것처럼 말이다.
  고리사슬처럼 이어진 무명에서 죽음까지의 단계는 '깨달음'이
란 열쇠로 열고 들어가 바라밀이라는 수행으로써 걸어갈 뿐이다.
육바라밀六波羅蜜이라고도 하는데, 불법을 배우는 순서로 나열하

면 보시布施, 지계持戒, 인욕忍辱, 정진精進, 선정禪定, 지혜智慧이다. 이처럼 모름지기 수행자란 산천 경계가 펼쳐져 있는 것을 바람이 나뭇가지에 스치듯 이름과 모양에 집착하지 않고, 시간과 공간에 구애받지 않는 대자유인의 걸음걸이로 그저 묵묵히 걸어가는 사람을 일컫는 말이다.

태양이 정오를 가리켜 그림자 한 점조차 없을 무렵, 잿빛 승복에 상아빛 비단 목도리를 두른 건장한 젊은 비구 스님이 올곧게 뻗은 늙은 소나무 숲 사이로 난 붉은 황톳길을 홀로 묵묵히 걸어가는 뒷모습이어라!

4. 證智所知 非餘境 증지소지 비여경

'소지(所知: 알음알이, 분별지分別知)하고 증지證智하여도 별다른 경계가 아니다.'

일체 법문을 들어 모르는 것이 없고 이를 통해 깨달음을 체득하여 '한 소식'했다 하여도 현실과 동떨어진 별난 경계가 펼쳐지지는 않는다. 먼저 증지證智란 교학教學을 통하거나 남에게서 들은 것을 가지고 진리를 아는 것이 아니라 자신 스스로 체험을 통해서 아는 것이다. 이를 '체득體得'했다, '증득證得'했다고 표현한다. 특히 '증득'이란 말은 비록 타인에게서 진리를 들었으나 스스로 체험하여 확인한다는 강한 의미를 내포하고 있다. 진리에 대한 가장 확실한 확인 방법은 스스로 해보는 것이기 때문이다.

이렇게 체득하려면 교학적인 이해가 기본적으로 필요한데, 물

론 선종과 교종은 학습 면에 있어서 큰 차이를 보인다. 특히 선종
은 교학을 앞세우기보다 먼저 스스로 자신의 본성(본래면목)을
찾을 수 있게 지도한다. 선체험先體驗 후학습後學習이다. 물론 역
대 조사들을 보면 사실 대부분 교학에 있어서도 현교와 밀교뿐만
아니라, 이미 유교와 도교의 이론 및 외도의 수행마저도 통달했
던 조사들이 의외로 많이 있었다. 하나를 바르게 꿰면 일체를 바
르게 꿸 수 있는 회통會通의 힘이 생기기 때문이다. 회통이란 현
대적 용어로는 '통섭(統攝: 서로 다른 것을 한데 묶어 새로운 것을 잡
는다)'이라고 표현할 수 있다. 선종과 교종을 굳이 나누어 극단적
으로 단점만을 비유하자면 이렇다. 새로 나온 TV가 있는데, 전화
도 되고 방범 기능도 가능하며 컴퓨터 성능도 갖춘 아주 다양한
기능을 하는 TV다. 그런데 선종은 이 TV의 매뉴얼인 안내서를 읽
지도 않고 제법 잘 사용하지만 아주 치밀하고 구체적이지는 못하
다. 반면 교종은 안내서인 매뉴얼은 달달달 아주 잘 외우고는 있
지만 TV 사용은 엄두도 못 낸다. 그래서 TV 켜는 것조차도 잘 못
할 정도이다.

　법문이나 강설을 들어보면, 화자話者가 정말로 깨달음을 얻어
서 하는 강의인지 아닌지 진위가 드러나기도 하며, 또 그 깨달음
의 깊이가 얼마나 깊은지 측정될 수도 있는데, 끝없는 수행을 통
한 크고 작은 깨달음은 증득의 강약이나 횟수에 비례하기도 한

다. 옛 큰 조사 스님들조차도 큰 깨우침이 36번 이상이나 되었다고 전해진다. 그래서 화두가 타파되었다고 바로 불지(佛地, 묘각妙覺)에 드는 것이 아님을 명심해야 한다. 배가 좀 고프다고, 공안 몇 개 푼 것을 가지고 감히 연화좌에 앉을 수는 없지 않겠는가!

수행인을 비유컨대, 대나무에 사는 이 벌레는 대나무 속을 파먹고 산다. 모든 벌레들이 한 마디의 대나무 속을 파먹고 나면 다음 단계로 윗마디의 대나무 속을 파먹으면서 위로 올라가는데, 유일하게 한 마리가 대나무 밖 옆으로 뛰쳐나와 맨 꼭대기로 단박에 오르는 벌레가 있었다. 이 벌레의 행동을 일컬어 '횡초돈출橫超頓出'이라고 한다. 이처럼 단박에 깨달아 돈오돈수頓悟頓修하는 최상근기도 있겠지만, 돈오돈수이든 돈오점수頓悟漸修이든, 어쨌든 수행에 있어서는 일단 몰록 깨달았다는 뜻인 돈오頓悟부터 해야 한다. 돈오가 안 된 상태에서는 경經을 읽거나 법문을 들어도 그 뜻을 절대 제대로 이해하지 못하고, 안목이 없기에 경전을 풀이하여도 반쪽짜리 문자풀이로 전락하고 만다.

강사 중에도 소경이 소경을 인도하는 우를 범하는 경우도 있다. 옛날 이조 시대 때 금강산에 월봉月峰 스님이 천 명의 학인을 모아 『원각경』 강의를 했다. 그 규모가 범상치 않기에 강주講主의 강의 내용이 어떠한지 모두들 궁금해하였다. 마침 이 소문을 들은 누더기 수좌首座가 강의에 참석해서 법당 한쪽 귀퉁이 말석未

席에 앉아 있었다. 강주가 나와서 강의를 한참 하다가, 『원각경』 태풍의 눈이라고 할 수 있는 '무변허공無邊虛空 각소현발覺所顯發'이라는 대목을 해설하기 시작했다. 강주는 '끝이 없는 허공에 각覺(깨달음)이 드러났다'고 풀이했다. 이때 구석에 있던 누더기 수좌가 벌떡 일어나 '억!' 하고 할喝을 했다. 이 '할' 소리를 들은 월봉 스님은 그 자리에서 피를 토하며 쓰러져 죽었다.

무변허공'이' 각소현발이라, 즉 무변한 허공이 각覺에서 드러났다고 풀이해야 할 것을 강주는 무변허공'에' 각소현발이라, 무변 허공에서 각覺(깨달음)이 드러났다고 해석한 것이다. 경을 보는 안목이 없어서 조사 하나, 토 하나를 잘못 단 바람에 주어主語가 뒤바뀌면서 본뜻이 완전히 전도顚倒되어 버렸기 때문이다. 후세에 월봉 스님은 졸지에 월봉외도外道라는 소리와 함께 죽음을 면치 못했다. 여기서 외도란, 『종경록宗鏡錄』에 따르면 부처님의 올바른 가르침을 배반하고, 마음이 일심중도一心中道의 밖에서 노니는 것을 말한다.

수행 과정에는 사고 작용이 원인이 되어 깨달음을 방해하는 두 가지 지적 장애가 있다. 번뇌장煩惱障과 소지장所知障이다. 번뇌장은 탐(貪, 욕망), 진(嗔, 화냄), 치(痴, 어리석음)의 선천적 번뇌로 인한 장애이고, 소지장은 애증과 분별심, 주관적 편견, 집착으로 인하여 '있는 그대로 보지' 못해 일어나는 장애이다.

이처럼 소지(所知: 알음알이, 분별지)의 장애를 넘어 증득의 단계로 들어서서 대상과 사물을 왜곡하여 보지 않는, '있는 그대로' 볼 줄 아는 경지에 도달해야 한다. 그러나 이처럼 깨달음에 도달했다 할지라도 '비여경非餘境'이라, 즉 현실에 있어서 특출하고 신비스런 그 무엇이 환상처럼 펼쳐지지는 않는다는 말이다. 깨닫는다고 뭐가 있는 것처럼, 무언가가 되는 것처럼 환상을 꿈꾸는 사람들이 의외로 많다. 견성見性한다고 붉은 꽃이 핍니까?

깨닫기 이전이나 깨달음 후에도 대상은 변하지 않는다. 문제는 마음(감정)이다. 일수사견一水四見이라, 각자 중생은 자기 마음에 따라 대상을 달리 본다. 같은 물을 보고서 인간은 물을 마시는 물로 보지만, 지옥 중생인 아귀는 피고름으로 비추어지며, 물고기 같은 수중 생물에게는 물이 집으로 보이고, 천상의 중생은 물이 유리 보배로 보인다고 한다. 대상은 항상 그대로이다. 다만 대상에 따라 항상 펼쳐지는 그 경계들을 어떻게 대하느냐는 스스로의 마음가짐(알아차림)이 또렷해야 바르게 볼 수 있다. 마음이 또렷할수록 각성(覺性, 깨어 있음)의 힘은 크다.

앞서 잠시 언급했던 유식唯識에서, 실상을 제대로 이해하고 수행한다면 번뇌煩惱에 의한 장애도 사라지고 소지所知에 대한 장애도 사라져서 결국에는 분별이 끊어진 무분별의 지혜를 얻게 된다. 여기서 무분별의 지혜란 분별하지 않는 것이 아니라 일체 모든 법을 바르게 분별하는 것을 말한다. 따라서 무분별의 지혜는 수행자가 얻고자 하는 궁극적 깨달음이다.

수행적 측면에서 보건대, 화내고 있는 자신을 바라보면서 '아, 내가 지금 화를 내고 있구나' 하고 알아차리는 그것이 바로 자신의 본래 모습이다. 항상 자신을 바라보는 깨어 있는 수행이 습관처럼 자리 잡아야 한다. 달라이 라마 존자는, 이렇게 해로운 생각이나 감정의 생성을 막을 수는 없지만 그것을 떠나보내거나 내려놓을 힘은 가지고 있다며 수행의 중요성을 강조하였다.

석가모니 부처님께서는 이런 마음의 상태를 '물 위에 글씨를 쓰는 것'으로 비유하셨다. 감정이 올라오면 마치 물 위에 글을 쓰는 것처럼 쓰는 순간, 감정이 올라오는 순간, 이내 모든 것이 사라진다는 점을 아름다운 말씀으로 비유하셨다. 이것이 바로 대승 중관의 이론인 성공연기性空緣起가 탄생한 배경이자 그에 대한 가르침의 일면一面이기도 하다.

불경에서는 이렇게 수승한 수행자를 비유하여 소공조巢空鳥라 했다. 소공조는 나무 위에 집을 짓지 않고, 둥지는 허공이며, 허공에서 알을 낳고, 허공에서 부화한다. 돌아가는 곳도 역시 허공의 집! 수행자들이여, '준조소운俊鳥巢雲'이라, 뛰어난 새는 구름을 둥지 삼는다!

5. 眞性甚深 極微妙 진성심심 극미묘

'진성은 깊고 깊어 미묘함이 극치로다.'

진성眞性은 법성法性이요 불성佛性이며 진공眞空이다. 이를 잘 모르는 사람들은 이것을 영혼靈魂이라고 하기도 한다. 참된 성품의 자리는 알 수 없다. 찾으려 해도 찾을 수 없는 자리, 볼 수도 만질 수도 없는 자리, 항상 움직이나 움직이는 가운데 잡을 수 없는 그것! 그것이 바로 진성이요, '참나' 자리요, '대아大我'요, '본래면목本來面目'이요, '하느님'이다. 그것은 오랜 세월 다르게, 다양한 이름으로 불려 왔다.

유가儒家에서는 이 자리를 명명덕明明德이라고 했다. 이미 밝은데 뭘 또 밝히는가? 대학자이셨던 탄허 스님께서는 이렇게 설명하셨다. "산속에 금이 있는데 광부가 금을 캐야 비로소 금을 볼 수 있다. 그 금을 정제하면 순금이 된다. 순금이나 땅속에 묻혔던 금이나 둘이 아니다. 덕은 이미 밝으나 배우고 익혀야 비로소 명명덕이라고 한다. 이름이 다르지만, 불교에서는 이를 부처요 열반이라고도 부른다. 불교에서 깨달음을 나타내는 말이 셋이 있는데, 각각 다르게 표현된 깨달을 각覺자는 본각本覺, 시각始覺, 구경각究竟覺이다. 본각은 본래 깨달음이 있다는 말이다. 그러나 깨달음이 나타나면 시각이요, 이를 통해 완성된 것을 구경각이라고 한다. 마치 본각은 땅속 금이고, 시각은 눈에 드러난 캐낸 금이며, 정제된 금을 구경각이라 비유한다. 한편 노자는 『도덕경』에서 불언지교不言之敎라, 뭐라 말할 수 없는 자리, 말로는 표현할 수 없는 무위無爲, 즉 함이 없는 자리라고 달리 표현했다.

알 수 없음을 아는 것이 바로 깨달음이다. 그래서 불불이佛佛而불상견不相見이요, 부처는 부처를 볼 수 없나니 그때가 되어서야 비로소 부처이다. 이런 사무치는 모순 속에 답이 있다. 이를 빗대서 나의 스승께서는 '○○부지不知○○'이라, 동그랗고 동그란 것은 동그란 것을 알지 못한다고 하셨다. 동양사상의 음양설陰陽說에 따르면, 음이 극치에 다다르면 양이 되고, 양이 극에 이르면 음으로 변화하며, 또 동動이 반복되면 정靜이 된다. 노자는 이르기를 '이지러지면 온전할 수 있고, 구부리면 곧을 수가 있다. 우묵하게 패이면 채워지고, 낡으면 새로워질 수 있다'고 했다.

참된 공空함, 한 점 티끌 없는 정淨에 묘유妙有가 있다. 그러기에 진성眞性은 참으로 깊고도 깊다 하니 진공묘유眞空妙有다. 이런 진공과 묘유를 노래한 시가 있어 소개하고자 한다. 문장경작생령복文章敬作生靈福이라, 문장은 경건히 지어야 영험한 복이 생긴다고 말씀하신 추사秋史 김정희 선생께서는 이미 깨달음을 얻어 신통경계를 펼치며 다음과 같이 노래했다.

정좌처靜坐處　다반향초茶半香初
묘용시妙用時　수류화개水流花開

유교적, 도교적 표현으로 '정좌靜坐했다' 함은 선가의 선정禪定에 들어 진성眞性의 자리에 있다는 것을 말한다. 그러니 그러한 경지에 무슨 차茶의 향기가 반半일까 보냐! 현상계를 벗어난 자리, 이분법이 아닌 공유空有를 벗어난 중도中道에는 그렇게 움직임이나 변화가 있을 수 없다. 그러나 작용作用에 가서는 비로소 묘한 세상, 물 흐르고 꽃이 피는 만유萬有가 펼쳐진다는 말이다.

사실 '정좌처靜坐處 다반향초茶半香初'까지는 상대편이 얼마나 공부를 했는지, 그 공부한 사람의 경지를 슬쩍 시험해 보기 위해 떠보는 문구이다. 무슨 말이냐 하면, 이 문구에서 많은 사람들이 작자의 의중을 제대로 파악하지 못한 채 문장을 글자 그대로 해석하는 오류를 범한다. '차는 반밖에 남지 않았어도 그 향기는 처음과 같다'고 대부분 이렇게 풀이한다. 이는 정좌처靜坐處에 대한 안목眼目이 없기 때문이다. 다시 말해서 정좌처의 다른 표현이 법성法性이요, 진공眞空임을 알아야 무분별의 지혜가 열린다.

다시 '묘용시妙用時 수류화개水流花開'로 돌아오자. 그렇게 펼쳐진 세계를 바로 '비로자나 부처님'이라 하며, 연화장蓮花莊 화엄華嚴의 세계라고도 한다. 그러나 화엄의 진정한 의미는 연화뿐이 아닌 모든 꽃이 다 모여 있다. 활짝 핀 꽃, 시든 꽃, 피다가 만 꽃, 목이 꺾인 꽃, 꽃봉오리만 맺힌 꽃, 키가 크고 작은 꽃, 향기로운 꽃, 악취 나는 꽃, 향기 없는 꽃 등등. 그래서 현재 『화엄경』으로 불리는 경의 본래 제목은 『잡화경雜華經』이었다. 이런 꽃으로 장엄했다는 것은 꽃이 바로 한 사람, 한 사람 우리 자신들을 말하며, 꽃으로 장엄한 불국토란 진성을 찾은 개개인을 의미한다. 따라서 오로지 불도佛道를 이룰 남은 한 사람은 바로 당신! 오직 나 자신뿐이다.

만유 본체의 기능에 따라 만상이 변화 작용하는 것을 체體, 상相, 용用으로 나눈다. 그러나 본체는 공空하기에 마음이라고 할 것도 없다. 일체유심조一切唯心造라고 하지만 작용인 마음을 없애면 비로소 무심無心이 된다. 선사에게 학인이 묻기를 '무엇이 부처입니까?' 하고 묻자 '하하하!' 하고 웃어넘긴다. 선사는 마음의 작용만을 드러낼 뿐 일절 말이 없다. 진리란 인간의 세치 혀로 말할 수 없다는 것이며, '있는 그대로' 드러내는 것을 웃음으로 답하는 것이다. 노자의 불언지교不言之敎가 다시 드러나는 대목이다.

지금 밖에는 함박눈이 펑펑 내린다. 아파트 베란다에서 내려다보는 풍광이 제법이다. 흩날리는 눈발 속에 고요히 자문자답自問自答해 본다.

"흰 눈이 펄펄 내리는 산길을 발자국조차 남기지 않고 걸으려
면 어찌해야 하는가?"
"그냥 걸으면 된다."

한참을 걷다가 뒤돌아보면 흰 눈에 다 덮여 있다. '멈춘 자리'에서 뒤돌아보면 앞뒤 모두 발자국이 없다! 그때가 '바로 지금'이다! 너무 아파하지도 말고, 너무 힘들다고 하지도 말며, 반대로 너무 좋아할 일도 아니다. 수행자는 단지 걸어갈 뿐이다.

6. 不守自性 隨緣成 불수자성 수연성

'자성을 지키지 않고 인연 따라 이룬다.'

자성自性이란 실체가 없다. 실체가 없다는 것은 '공空'하다는 것이요, 공하다는 것은 연기緣起한다는 것이다. 다른 말로 자성을 유식학唯識學에서의 제8식 아뢰야식이 아닌 제7식 말라식으로 본다면 '자아自我'라 할 수 있고, 현대어로는 '에고Ego', 비유어比喩語로는 '허공에 핀 꽃'이라 할 수 있다. 그러나 깨달으면 무아無我요, 공이다. 제8식의 아뢰야식이 전환되어 대원경지大圓鏡智를 이루더라도 그 성품은 공하여 실체가 없다. 그러니 자성은 지킬 일이 아니다. 남회근 선사의 설법에 의하면, 만법이 본래 스스로 적멸하여서 작용을 일으켜도 무방하고 쓰는 대로 사라진다. 적멸의 힘으로써 작용을 일으켜 일체 경계에서 적멸의 작용에 수순한다는 경의 말씀을 인용하고, 적멸의 힘만을 갖추고 있을 뿐 감히 작용을 일으키지 못하여, 작용을 일으키기만 하면 마음이 불안해졌던 선종 2조 혜가 스님의 실례를 들어 설명하였다.

제행諸行은 무상無常이요, 제법諸法은 무아無我이며, 적정열반寂靜涅槃이라. 일체 법에는 '나'라고 할 만한 것이 없다. 내가 없는데 '나'라고 규정하고 이름 지어 '나'를 지킨다. 이 몸은 지地, 수水, 화火, 풍風 사대가 모여서 구성되었다. 일체 모든 것은 조건으로 생겨나고 인연이 다하면 사라진다. 그렇기에 자성은 공하다. 따라서 자성이 공하기 때문에 모든 것은 조건으로 생겨난다. 그런 자성을 어찌 지킬 수 있나? 윤회의 수레바퀴에 깔린 중생은 단지 그 업業이 다하면 수명은 끝이 나고 죽음으로 다시 여행이 시작될 뿐이다.

요사이 간화선 수행이 어려워서 그러는지 몰라도 수행 추세가 점점 초기 불교 수행법으로 흘러간다. 하긴 간화선을 빗대어 '화두를 들고 벌 선다'는 말이 나올 지경이다. 그러나 소승과 대승을 이어주는 연결고리가 제법무아諸法無我임을 깨닫는다면 굳이 남방불교니 북방불교니 할 것도 없으며, 위파사나Vipassanā 수행이든, 참선이든, 염불이든 상관이 없다.

천강유수千江流水 천강월千江月이요

만리무운萬里無雲 만리천萬里天이라.

천 개의 강 위로 천 개의 달이 떴네.
푸른 하늘 멀리 구름 걷히니
만 길 그대로가 푸른 하늘이로다!

천 개의 강 위에 비추인 달은 실제 달이 아니다. 강물 위에 비추인 달은 우리의 육체를 가리킨다. 그런 달그림자가 허상이듯이 육체 또한 허상이다. 잠시 인연因緣 지어 왔다가 갈 뿐이다. 그런 반면 본체는 한 번도 움직인 적이 없으니 불생不生이며 불멸不滅이다. 선사가 학인에게 묻는다. "너는 왜 태어났다고 생각하느냐?" 학인이 답했다. "본래 태어남이 없습니다(불생不生)." 선사는 더 이상 말하지 않았다. 그래서 수행의 일부는 '나'를 죽이는 작업이다. 크게 죽고 다시 한 번 태어나야 한다. 죽음은 향상일로向上一路의 관문이요, 생生은 거듭나는 과정이다. 그렇기에 생사는 끝없는 진화요, 진화의 종착역은 적정열반寂靜涅槃이다.

동양학에서는 음과 양으로 구성된 세계를 태극太極이라 하고, 천지인天地人 삼위三位를 삼태극이라 하며, 이런 태극 이전을 무극無極이라고 한다. 양극兩極을 벗어난 무극의 자리가 바로 '자성을 지킬 수 없는 자리(不守自性)'이다. 양파 껍질을 한 겹씩 벗겨내다

보면 마지막에는 속이 텅 비어 있는 것처럼 공도리空道理를 깨쳐야 한다. 수행의 관문은 바로 공을 깨닫는 것이다.

사서삼경 중 『대학大學』에서는 수행의 단계를 다음과 같이 열거했다. 첫 단계가 '지지知止'이다. 안다고 하는 것을 그치는 것이다. 여기서 지知는 알음알이요, 무수한 상념이 생겨나고 사라지는, 번뇌가 일어나는 과정이다. 우리네 생각은 그 짧은 시간인 1초에도 생겨났다가 사라지기를 거듭하는데, 우리가 상상조차 못할 정도로 횟수가 잦다. 평소 자신이 얼마나 많은 상념에 사로잡혀 있는지 알고 싶으면 식탁에서 밥을 먹는 자신을 한번 잘 살펴보라. 오로지 밥 먹는 데만 열중하는 것이 아니라 밥을 먹는 동안에도 이 생각, 저 생각에 사로잡혀 있는 자신을 발견할 것이다. 그렇게 무수히 생멸生滅하는 생각을 가만히 가라앉히는 것이 지止다. 가만히 가라앉히면 마음이 안정을 찾는다. 그 안정 단계가 '정定'이다. 유리컵 속의 흙탕물이 안정을 찾으면 고요해지는데 이 상태를 '정靜'이라 하며, 다음 단계는 심리적인 안정을 찾는 평안한 안安의 상태가 된다. 그 평안한 상태에서 한 생각을 일으키는데 이때를 '려慮'라 한다. 려慮는 불가佛家의 지혜와 같다. 그리고 마지막으로 '득得'의 경지에 이른다.

『법화경』에 나오는 대통지승불大通智勝佛의 성도成道 과정 중

화두가 등장하는데, 그 화두의 답을 『대학』의 수행 과정에서 찾을 수도 있다. 『법화경』의 내용은 다음과 같다.

대통지승 부처님께서 처음 도량에 앉아서 마군들을 깨뜨리고 최상의 깨달음을 얻게 되었으나 불법佛法이 앞에 나타나지 않아 이와 같이 일 소겁으로부터 십 소겁이 되도록 가부좌를 틀고 앉아 몸과 마음을 동하지 않았지마는 불법은 오히려 앞에 나타나지 않았느니라.

어째서 십 소겁이 되도록 불법이 현전하지 않았을까? 청정한 대정大定에 대한 집착은 보리도 번뇌라고 한다. 본성을 증득하여 정定·혜慧를 얻는 것을 유심지有心地라고 하는데, 마음을 놓쳐 자성이 흐트러진 산란한 마음도 무심無心이라 했거늘, 어찌 무심無心만을 외칠 수가 있겠는가? 참구해 볼 일이다. 「법성게」를 게송偈頌할 때 처음 시작해서 마치다 보면 재미있는 것은 '법法'으로 시작하여 '불佛'로 끝난다는 점이다. 부처는 홀로 설 수 없다. 법을 만나야 이때 비로소 불법佛法이 완성된다. 진공眞空에만 머물러 있다면 언제 묘유妙有를 볼꼬? 장대로 진흙 바닥을 찍어야 배가 나아간다!

『능엄경』에서 세존께서는 대왕이 불생불멸의 자성을 체득하는 데 직접적인 가르침을 펴셨다. 잠시 그 당시 대화에 귀 기울여 보자.

"대왕이여, 그대가 변천하여 머물지 않는 변화를 보고 죽어 없어질 것을 알았노라고 했는데, 역시 죽어 없어질 때에 그대의 몸속에는 없어지지 않는 것이 있음을 아십니까?"

"저는 진실로 그것을 알지 못합니다."

"내가 지금 그대에게 나고 죽음이 없는 성품을 보여 주겠습니다. 대왕이여, 그대의 나이 몇 살 때에 갠지스 강물을 보았습니까?"

"제 나이 세 살 되던 해에 어머니가 저를 데리고 그 강을 건넜었는데, 그때 갠지스 강임을 알았습니다."

"대왕이여, 그대의 말과 같아서 스무 살 때엔 열 살 때보다 늙었으며, 예순이 되도록 해마다, 달마다, 날마다, 시간마다, 한 생각마다 변천하였다고 하였는데, 그렇다면 그대가 세 살 때에 보던 그 강물과 열세 살 때 보던 그 강물은 어떻게 다르더이까?"

"세 살 때와 완전히 같아서 강물은 조금도 달라짐이 없었으며, 지금 예순두 살이 되었사오나 역시 강물은 달라짐이 없습니다."

"그대는 지금 머리털이 희어지고 얼굴이 쭈그러짐을 애달파하나니, 그 얼굴은 틀림없이 어렸을 적보다 쭈그러졌겠지만, 그대가 지금 갠지스 강 물을 '보는 것'과 지난날 어렸을 적에 갠지스 강 물을 '보던 것'에는 어리고 늙음의 차이가 있습니까, 없습니까?"

"없습니다, 세존이시여."

"대왕이여, 그대의 얼굴은 비록 쭈그러졌으나 그대의 '보는 정기'만은 '본래의 성품' 그대로이며 쭈그러진 것이 아닙니다. 쭈그러지는 것은 변하는 것이겠지만 쭈그러지지 않는 것은 변하는 것이 아닙니다. 변하는 것은 없어지게 되겠지만 저 변하지 않는 것은 '본래 나고 멸함이 없거늘' 어떻게 그 가운데에서 그대가 나고 죽음을 받겠습니까? 그런데도 오히려 말가리 등의 말을 인용하여 이 몸이 죽은 뒤에는 아주 없어진다고 합니까?"

대왕이 그 말을 듣고 진실로 이 몸이 죽은 뒤에 이 생生을 버리고 다른 생에 태어난다는 것을 깨닫고, 여러 대중들과 함께 아직까지 없었던 법문을 들었다고 기뻐하였다.

불교의 교리 중 대표적인 말이 인연과因緣果다. 먼저 인因이란 씨앗과 같은 원인을 말하며, 결과에 반한다. 인을 파자跛字해 보면 말(口) 속에 큰 뜻(大)이 이미 숨겨져 있다. 씨앗 속에 이미 나무 한 그루가 들어 있다. 그래서 수행자는 과果보다는 인因을 항상 조심스럽게 다루어야 한다. 따라서 보살은 원인을 두려워하고, 범부는 결과를 두려워한다는 말이 있다.

과果는 결과이며 열매다. 연緣은 인에 따른 과를 만들어 주기 위해 중간에서 '얽히고설킨 것'을 의미한다. 마치 그물망과도 같다. 씨앗을 뿌려 열매를 맺을 때 땅과 바람과 물과 공기, 햇빛이 있어야 하듯이 이때 땅, 바람, 물, 공기, 햇빛이 바로 연緣이다.

그래서 내가 지금 받고 있는 것이 고통이든 행복이든 그것은 과거 내가 지은 업으로 받는 과보果報인 것이다. 자신의 미래가 궁금하다면 그것은 현재 내가 어떤 생각과 행동을 하는지를 살펴본다면 쉽게 알 수 있다. 부처님께서는 현재의 지위는 태어나면서부터 이미 지어진 것이 아니라 그 사람의 행동으로 인하여 그의 지위가 결정된다고 하셨다. 이처럼 인과는 중생계의 모든 법칙에서 제일이다. 그래서 깨달은 사람도 어둡지 않은 것이 인과이다. 우리 속담에도 콩 심은 데 콩 나고, 팥 심은 데 팥 난다는 이야기가 이를 두고 한 말이며, 인과의 법칙은 한 치의 오차도 틀림없다.

앞에서 이미 설명했듯이 보리달마 「사행론」에서 두 번째가 수연행隨緣行이다. 수연隨緣이란 인연 따라 변화하는 것을 말한다. 어떻게 모든 인연을 자연스럽게 맞이할 수 있는가? 그것은 성공연기性空緣起라, 자성이 공하기 때문에 연기한다. 다시 말해서 공하다는 것은 걸림이 없다. 무애无涯하기 때문이다. 순경계와 역경계를 모두 받아들이는 겸허한 마음이 수연행이다. 그래서 일희일비一喜一悲하지 않는다. 새옹지마塞翁之馬가 여기서 나왔다.

인연을 따른다는 것은 한 점 조작하지 않는 '무위無爲'이다. 무위는 '무위이무불위無爲而無不爲'의 준말로서 '함도 없고, 그러나 하지 않음도 없다'는 말이다. 무위에는 치우침이 없다. 치우침이 없는 마음이 바로 평상심平常心이다. 기울지 않은 공평한 마음, 변하지 않는 마음이다. 수연은 그런 마음으로 밥 먹고, 물 마시고, 졸리면 잔다. 응무소주應無所住 이생기심而生其心이라, 응할 바도 없고 머무를 바 없는 그 마음은 살아 있다. 불생불멸의 살아 있는 그 마음으로 인연 따라 흐른다. 그렇게 인연으로 이루어지는 것, '성成'이 곧 불과佛果이다.

7. 一中一切 多中一 일중일체 다중일

'하나 속에 일체 있고, 일체 속에 하나라.'

옛날 요임금이 순임금에게, 다시 순임금이 우임금에게 전해 준 심법心法 중에 '인심유위人心惟危 도심유미道心惟微 유정유일惟精惟一 윤집궐중允執厥中'이란 말이 있다. "사람의 마음은 위태롭기만 하고, 도를 지닌 마음은 희미해져만 가네. 오로지 마음을 자세하고 하나로 하여, 진실로 그 '가운데(中)'을 붙잡으라"는 뜻이다.

이 문구를 두 글자로 함축시킨다면 일一과 중中이다. 일중一中 이란 일체 만유를 하나로 담은 한 마음인 일심一心이 무심無心이 된 것이요, 둘로 나누면 일은 용用이고 중은 체體다. 초발심初發心 이 바로 정각正覺이라는 문구와 같은 의미의 단어이다. 일은 초심 初心이요, 중은 중천中天에 해가 떠서 사물의 그림자가 사라진 모습이다. '사라진 그림자'는 선가에서 잘 쓰는 '한 물건도 없다'고 할 때와 같은 깨달은 경지를 암시한다. 이 깨달음이 중이요, 중은 곧 정각正覺이다. 여기서 중은 중도中道의 약자이다. 그래서 일중一中은 치우침이 없고 집착하지 않는 자리이다. 선가에서 오가는 선문답은 이것이 체의 자리에서 이야기했는지, 용의 자리에서 이야기하고 있는지를 알아차려야 한다. 체와 용의 자리를 구별하지 못하면 아직 택법지擇法智가 열리지 않은 것이다. 법에 대한 안목이 열리지 않았다는 말이다.

윤집궐중允執厥中하여 중中을 잡으면 일체가 벌어진다. 일체가 벌어진다는 말은 '있는 그대로 본다'는 것이다. '있는 그대로 본다'는 것은 자신의 주관적 관점이 아니라 본래 자심自心이 청정하기에 대상이 왜곡되어 보이지 않는 것을 말한다. 그러니 한 점 꾸밈이 있을 수 있겠는가! 다시 말해 심경일여心境一如의 경지다. 세상에 하나밖에 없는 자신의 마음은 거울과도 같다. 거울이 온갖 삼라만상을 비추듯이 마음도 객관의 세계를 비추어 안다. 그래서 나의 스승께서는 '내가 얼굴을 돌리면 우주도 없다'고 하셨다. 그런 마음은 또한 우주를 담고 있다. 그러니 요임금의 그 마음에 왕과 백성이 어찌 둘이었으리요!

다른 각도에서 일중一中을 풀어 본다면 초발심자가 처음으로 초견성初見性한 순간이라고 볼 수 있다. 비유하건대 활을 배운 사람이 처음으로 사선에 올라 활시위를 당겨 무수히 잘못 맞춘 화살 중에 과녁에 적중된 첫 화살을 일중이라고도 표현하기 때문이다.

과녁에 적중시키려면 활을 쏘는 자와 활과 과녁, 이 세 가지가 일직선으로 일치되어야 하며, 바람과 햇살 그 어떤 환경과 조건에도 치우치지 않는 마음가짐으로 하나가 되어야 한다. 선 수행에 있어서는 화두와 화두를 든 참구자와 참구하는 자를 보는 자, 이 셋이 하나로 되는 순간이 일중이다.

심월고원心月孤圓　광탄만상光呑萬像
광경구망光境俱忘　부시하물復是何物

마음의 달이 홀로 둥글게 빛나건만
그 달빛 온통 삼라만상을 삼켰노라.
달빛과 달빛에 비추인 세상 모두 잊었으니
이때 이 물건은 뭐라고 할꼬?

_경허 선사(鏡虛禪師, 1849~1912) 임종게臨終偈

게송을 읊으며 회광반조廻光返照하여 보자.

일중一中은 바꿔 말하면 법성法性이요, 진성眞性이며, 여기 게송에 나온 광경구망光境俱忘의 자리요, 우리의 본래자리다. 이 본래자리에서 우주가, 일체가 무한 반복하여 성成·주住·괴壞·멸滅한다. 이런 일중의 경지에서는 이미 일체를 담고 있으며, 다양한 여럿은 다시 하나로 돌아간다. 여럿이 비록 다양하여 그 모습이나 생김새가 모두 다르지만 본질은 하나이며, 그 근본은 같다. 비유하건대 물이 흙탕물이든 깨끗한 물이든 젖는 성질은 모두 같다. 우리의 본원인 하나(一)의 자리가 이와 같다. 다중多中은 더러운 물, 깨끗한 물, 뜨거운 물, 찬물 등등이다. 그러나 젖는 성질은 매한가지다. 그러니 다중일多中一이다.

하나에서 다양한 무리들이 나왔으나 다시 하나로 돌아간다.
그러나 표현하자니 하나이지, 하나라고 해도 맞는 말은 아니다.
읍揖!

8. 一卽一切 多卽一 일즉일체 다즉일

'하나가 곧 전부요, 여럿이 곧 하나이다.'

'즉卽'은 긍정의 시是이자, 양변을 여읜 중도中道다. 또한 소통이
며 회통會通이다. 회통을 시키려면 먼저 자신이 공부하는 것부터
달통達通해야 한다. 통通이란 앞서 나왔던 '원융무애圓融无涯'이
다. 모든 것에 정통하고 사방팔방에 통달하여 조금도 막힘이 없
는 경지를 이룬 것이다. 그런 후에 다른 것들을 본체에 붙여야지,
자기 것도 통달이 안 된 상태에서 다른 것을 동시에 짜깁기하듯
이 공부하면 뒤죽박죽되어 얼마 못 가서 주저앉고 만다. 우선 계
戒, 정定, 혜慧 삼학三學을 잘 공부하여 지혜의 불을 밝힌다. 진정
한 계戒는 정定 속에 있어야 하며, 정 공부가 없는 지혜는 건혜乾
慧라고 한다. 그래서 옛 조주 선사께서 말씀하시길, 큰길 사거리

에서 노란 주둥이로 밥을 얻어먹는다는 것이 이를 비유하신 것이다. 이즉시사理卽是事라, 이치에 통달하였으면 실제도 도달해야 한다. 이론과 수행이 하나요, 수행과 생활이 둘이 아니고, 진과 속이 둘이 아니다. 다시 말해서 깨달은 후에 모든 행동은 자연스럽게 펼쳐지는 바라밀이 되어야 한다.

자, 일단 불을 지피려면 먼저 불쏘시개가 순수해야 한다. 불순물이 전혀 없어야 점화시키기가 쉽다. 그러고 난 다음 불이 어느 정도 잘 붙어서 일어나기 시작하면 화력火力을 보고 잡것들을 슬슬 넣어도 된다. 나중에는 화력이 아주 좋으면 고무 타이어나 심지어 쓰레기를 넣어도 불이 활활 잘 탄다. 무엇을 집어넣어도 다 타고 만다. 넣으면 넣을수록 불길은 더욱 맹렬해진다. 회통도 이와 같은 원리다.

즉卽은 여여如如함이자 어떤 상황에서도 그 상황에 맞추어 행行함이다. 21세기의 유행병은 정신병이 될 것이라고 한다. 사람과 사람이, 사람과 세상에 소통의 단절이 비롯되면 정신병이 생긴다. 개인 스스로는 오히려 단절이 아닌 집착으로부터 병이 발생하기도 한다. 정신병은 마음의 병이다. 여여如如는 소통이며 즉卽은 집착을 잘라내는 칼과 같다. 이렇듯 수행은, 마음공부는 병을 치료하는 약藥과 같다.

수행 중에 좌정坐定하면 할수록 번뇌 망상이 불꽃처럼 일어난다. 과거에 대한 회상이나 미래에 대한 막연한 환영, 또는 일어나는 상념들은 현재에 만족하지 못하는 불만족한 마음 상태를 나타낸다. 그러나 오유지족吾有知足이라. 스스로 족함을 아는 것이 즉卽이며, 주관과 객관이 합쳐져서 둘이 아닌 상태로 행복을 구가한다. 상형문자로 즉卽은 식탁에 좌정坐定하여 무릎을 꿇은 모습이다. 차려진 음식에 대하여 감사하는 모습은 경건함을 일깨운다. 하루 일과를 마치고 식탁에 앉아 두 손을 모은 늙은이의 모습, 일상에 대한 감사는 스스로 자신에게 감사하는 것이다. 행복과 만족에 대한 극치이다.

성공연기性空緣起임을 알기에 번뇌煩惱 즉卽 보리菩提라. 번뇌에 끄달리지 않고 번뇌가 일어나는 그곳을 관觀하면 그곳이 바로 본래면목本來面目이요, 법성이다. 오히려 바탕이 공하지 않으면 번뇌가 일어날 수가 없다. 즉卽하는 마음은 순경順境과 역경逆境을 모두 다 받아들인다. 어떤 경계이든 그 경계 일어나는 것마다 본 바탕은 공하기에 연기한다.

모든 사람마다 각자 마음이 있으며 그 마음은 공적하고 신령스럽다. 그 마음은 용用에 가서는 다 천차만별하지만, 체體에 가서는 모두가 다 다르지 않다. 다만 공적영지空寂靈知한 그것을 깨달으면 그 도道는 우주와 합일된다. 법신法身, 보신報身, 화신化身을 삼신三身이라 하는데, 즉한 자리에서 자신을 가만히 들여다보면 각자 우리 모두는 삼신으로 되어 있다. 또 즉한 자리는 심물일원心物一元이라, 대상과 동일한 경지에 도달해야만 그 대상을 바로 볼 수 있다. 그 자리가 바로 즉한 자리다.

기맥氣脈이 통하면 경안輕安이 되어 신체를 절로 잊으며, 업장이 녹는다는 말이 있다. 백척간두百尺竿頭 진일보進一步다. 낭떠러지에서 마지막으로 두 손 모두 놓아버린다. 크게 한 번 죽어야 즉할 수 있다. 무심이라고 해도 무거운 빗장 하나가 더 가로 놓여 있다는데, 그러니 꽃이 완전히 떨어져야 열매 맺을 수 있다.

법신法身의 근본자리는 체이지만, 그 작용에 가서는 일체 경계가 달라진다. 비유로는 '천강유수千江流水 천강월千江月'이라, 천 개의 강물이 흐르는 위에 천 개의 달이 떴다. 바로 일즉일체一卽一切다. 생각해 보건대, 강줄기는 환경에 따라 수면에 비추인 달의 모양은 다 각양각색일 것이다. 이것이 다즉일多卽一이다. 부연하자면, 만일 여기에 금덩이가 있다고 하자. 세공사에게 부탁하여 그 금을 녹여서 여러 가지 형태로 만들어 달라고 하자. 거북이, 새, 호랑이, 열쇠, 반지, 목걸이 등등 다양하게 그 모습이 변했다고 할지라도 금이라는 속성은 변함이 없다. 비유를 하나 더 한다면, 만일 내가 회사 출장으로 서울에서 출발하여 부산에 갔다. 부산에서 하루 자고, 다시 목포로 갔다가 대전으로 와서, 서울로 다시 돌아왔다. 그러나 '본래 나'는 한 번도 움직인 적이 없었다.

이렇게 다양한 일체의 모습을 거머쥐면 하나로 포섭되며, 하나는 또 다양하게 변화한다. 조선의 선비 화담 서경덕 선생은 '하나(一)'란 구체적인 수數가 아니라 수의 체體라고 했다.

그대는 어떻게 벼리를 움켜쥐어 잡아 무수한 물고기를 잡을 것인가?

만법귀일萬法歸一 일귀하처一歸何處라.

우주 만법, 이 모든 것이 하나로 돌아가는데, 그 하나는 어디로 돌아가나?

즉卽하라! 즉卽!

9. 一微塵中 含十方 일미진중 함시방

'한 티끌 속에 시방세계 머금었다.'

한 생각이 한 티끌이다. 한 생각 일어나면 한 세계가 펼쳐지고, 한 생각 사라지면 한 세계가 사라진다. 기멸생사起滅生死가 한바탕 꿈이다. 수행자의 방에 걸린 편액에 이런 문구가 있다. '야유몽자 夜有夢者는 불입不入이요, 구무설자口無舌者는 당주當住라.' 밤에 꿈 꾸는 사람은 들어오지 말고, 입은 있으되 혀 없는 사람은 마땅히 들어와 머무르라는 말이다. 꿈을 꿈이라고 알 때 그 꿈은 더 이상 꿈이 아니다. 환상을 환상으로 알아차릴 때 환상은 깨져버린다. 이렇게 알아차리는 힘이 크면 클수록 지옥에 가면 그 지옥이 다 말라버리고, 배고픈 아귀들을 만나면 모두 다 배부르게 되며, 어리석은 축생을 만나면 지혜를 얻게 해준다. 이처럼 보살의 원력이 크면 클수록 중생계는 더욱 밝아진다.

위의 함시방含十方에서 열 방위(十方位)는 동, 서, 남, 북 4방향과 북동, 동남, 남서, 서북의 4방이 8방이 되고, 여기에 상, 하를 합해서 시방이 된다. 또한 각 세계는 열 가지로 되어 있다. 지옥地獄, 아귀餓鬼, 축생畜生, 수라修羅, 인간人間, 천상天上, 성문聲聞, 연각緣覺, 보살菩薩, 불佛의 열 가지 세계다. 이렇게 각 방위에는 또한 다섯 부처님, 오방불五方佛이 계신데, 밀종(밀교)에서는 성불 후 오음(五陰: 색온色蘊, 수온受蘊, 상온想蘊, 행온行蘊, 식온識蘊)이 변화하여 오방불로 승화하는 것으로 표현한다. 동방에는 행온이 아축불阿閦佛로, 서방에는 색온이 아미타불阿彌陀佛로, 남방에는 상온이 보생불寶生佛로, 북방에는 수온이 불공불不空佛이며 중앙에는 식온이 비로자나불毘盧遮那佛이 된다. 또 중앙은 흰색, 동방은 청색, 서방은 적색, 남방은 황색, 북방은 녹색으로 표시된다.

한의韓醫에서는 동방은 간, 서방은 폐, 남방은 심장, 북방은 신장, 중앙은 비장을 의미하기도 한다. 오행五行은 상생相生 순서로 동방은 목木, 남방은 화火, 중앙은 토土, 서방은 금金, 북방은 수水이며, 이는 순서대로 목은 간, 화는 심장, 토는 비장, 서방은 폐, 북방은 신장과 뜻을 같이 한다.

또 밀교에서는 색법色法 변화가 발생시키는 현상으로서 청, 황, 적, 백의 4가지 색상과 칠대七大로서 지地, 수水, 화火, 풍風, 공空,

식識, 육대六大에 근대(根大: 또는 각대覺大)를 더하여 우주를 구성한다.

지대地大는 만물을 생성시키는 근본이고, 수대水大는 만물을 성장시키는 습기와 액체이며, 화대火大는 만물을 성숙시키는 에너지다. 풍대風大는 만물을 변화시키는 움직임이다. 공대空大는 안과 밖의 간격을 의미하며 만물을 포용하며 생장시키는 원인이다. 식대識大는 결단하고 판단하는 정신 작용이다.

『청정도론』에 따르면 흙(地)과 물(水)의 성품이 많은 사람은 치심(癡心, 어리석음)이 많고, 불(火)과 바람(風)의 성품이 많은 사람은 진심(瞋心, 성냄)이 많으며, 지수화풍地水火風 4대의 성품과 관계있으면 탐심(貪心, 욕심)이 많은 사람으로 분류된다.

신체를 기준으로 사대를 설명하자면 구성은 이렇다. 지대地大는 몸을 구성하는 바탕으로서 살과 뼈, 머리카락, 털, 손발톱, 내장 등이고, 수대水大는 유동적이며 응집하는 성질을 띠고 수분을 의미하는 피, 고름, 땀, 눈물, 임파액, 관절액 등이다. 화대火大는 물체를 성숙시키는 기능으로서 따뜻함이며 체온을 유지한다. 풍대風大는 운동성을 나타내고 들숨과 날숨, 딸꾹질, 방귀, 하품, 트림 등이다.또 이 열 가지(청, 황, 백, 적, 지, 수, 화, 풍, 공, 식)가 일체입一切入으로서 외부 경계나 정신 환경이 신체로 뚫고 들어온다. 그리고 각 대는 나머지 대를 내포하므로 서로 같은 종류일지라도 걸림이 없고, 다른 종류일지라도 경계가 없어 다함이 없는 연기緣起의 세계가 펼쳐진다. 그래서 일미진중一微塵中 함시방含十方이요, 우주의 먼지 한 티끌도 이미 모두 육대六大를 다 갖추고 있다. 그렇기 때문에 한 올의 머리카락 안조차 동서남북이 다 들어 있어, 마음으로 치면 비록 그 마음이 작다 하여도 이미 우주를 머금고 있다고 말할 수 있다. 그래서 미진微塵과 시방十方의 대소大小는 상대적인 개념일 뿐임을 강조하고 있다.

그러므로 수행이 성취되기 전에는 아뢰야식이 중생의 망심으로 작용하며 음적陰的인 면을 가지고 있는 반면에, 성불 후에는 여래장식으로서 양적陽的인 면을 띠고 있다. 따라서 수행은 끊는 것이 아니라 변화하여 본래 자리로 돌아가는 것을 의미한다.

석지현 스님은 김시습의 선시「떠돌이」를 해설하다가 이런 말씀을 남겼다. "어느 만큼 공부가 익어지면 인연 닿는 사람들을 만나서 그들의 잠을 깨워주는 것이 선자禪子의 사명이다. 향기도 없는 꽃이 구태여 바람 앞에 서서 자기의 무향無香을 남에게 풍기는 그런 짓을 선가禪家는 금하고 있다. 오직 자기 자신 깊이깊이 닦아 갈 것, 그리하여 그 향기가 누리에 저절로 퍼져 울리게 할 것, 그러나 마지막에는 이 향기의 흔적마저 지워버릴 것"이라고 하였다. 흔적이 없는 것, 이것이 본래 자리다.

10. 一切塵中 亦如是 일체진중 역여시

'일체 모든 티끌 속도 또한 역시 그러하다.'(또한 시방세계를 머금었다.)

각각등보체各各等保體라, '개개의 모습으로 그 생生을 잘 살아가기를 축원합니다'라는 말이다. 그 삶의 주인공은 각자이다. 몇 년 전 『약사경』공부 중에 강사가 이런 풍경을 묘사했었는데, 그 장면이 너무 감격적이라서 오랫동안 마음속에서 지워지지 않았다. 한 폭의 동양화 같은 그 장면은 이랬다.

배에서 내리는 연로한 노승을 마중 나온 또 다른 늙은 선사가 그의 팔을 부축하려고 하자, 하얀 긴 수염을 바람에 휘날리는 노승이 슬며시 팔을 빼며 말했다. "각자各自 자기의 길을 갑시다!"

중생은 자신이 자신의 삶에 주인공인지를 모르고 산다. 그저 보조 연기자이거나 그도 아닌 단순 엑스트라로서 지나가는 사람 1이나 행인 2 정도인 줄 착각하고 산다. 자신에게 큰 보물이 있는데 그것은 써도 써도 모자람이 없다. 부도나 신용불량으로 거리에 나앉아도 그 빚을 갚고도 남음이 있는 은행통장이 있는데, 그게 뭘까? 그것을 자신이 소유하고 있는 줄 모르고 살아가고 있다. 소유의 개념이 작금昨今에 남다르긴 하지만, 얼마 전부터 스스로 자신의 꽃을 꺾어버리는 경우가 많아 안타까워서 하는 말이다. 나의 스승께서는 이런 짓을 두고 "자살은 우주를 죽이는 짓거리다"라고 하셨다.

서양의 신비학神秘學 중에는 이런 말이 있다. "돈은 목표가 아니며, 목표를 이루기 위한 수단도 아니다. 돈이란 그저 하나의 부수물일 뿐이다. 목표란 우리가 삶에서 원하는 것이다. 원하는 것을 얻기 위해서는 돈이 아니라 그 목표 자체를 생각해야 한다. 그러면 돈은 저절로 따라온다." 물신주의物神主義가 팽배한 뇌 구조로는 절대 이런 발상을 할 수가 없다. 돈도 못 벌고 행복한 삶을 누리지 못하는 이유가 여기에 있다.

돈을 벌고 싶은 이유를 가만히 살펴보면 돈에 의해 얽매는 일이 없게 살기 위해서 돈을 번다. 그러나 잘 살펴보면 돈을 벌려면 돈 버는 수단(직장, 가게, 주식 등)에 구속되어 살아야 한다. 이후 돈을 벌고 나면 돈을 관리하는 방법을 익혀야 한다. 돈 관리는 돈을 버는 것보다 더 어렵다. 일반적으로 쓰는 것이 버는 것보다 더 어렵다는 것이 이를 두고 한 말이다. 하여튼 이렇게 대상에 얽매이는 삶은 자유스럽지 못하며, 만족도도 아주 낮다. 그런 삶의 질을 높이기 위해서는 좋은 대인관계, 재능개발, 자원봉사 등과 같은 사회참여 활동도 병행할 필요가 있다.

수행법 중에는 다라니陀羅尼나 진언眞言 또는 염불念佛이 있는데, 만일 다라니 수행을 한다면 다라니에 힘이 담겨 있는 것이 아니라 다라니를 치는 사람에게 무한한 힘이 있음을 알아야 한다. 이것을 일깨워주는 것이 바로 다라니요, 진언이며, 염불이다. 다라니를 치면서 '이 다라니를 치는 자는 누구인가' 하고 반조返照한다. 밥을 먹든, 길을 걸어가든, 집에서 혼자 소리 내어 하든, 지하철에서 속으로 하든지 간에 '이 다라니를 치는 사람은 누구인가' 하고 회광반조한다. 그래서 속가에서도 무엇인가 바라고 이루려면 최소 21일(3·7일) 이상은 집중해야 한다. 하물며 수행이랴!『원각경』에서도 수행 전 업장소멸을 위해 참회를 21일간 하도록 하고 있다.

옛날 이소룡이 나오는 무협영화 중에 주인공이 다면체의 거울 속으로 들어가는 장면이 있었다. 본 모습이 거울에 비추이고, 그 비춘 모습이 다시 다른 거울에 비추이고, 또 그 비춘 모습이 다른 거울에 사방팔방으로 비추어져서 나중에는 어떤 모습이 도대체 본래 모습인지도 모르게 헷갈리는 그런 장면이었다. 이와 같이 한 생生을 기준으로 한다면 '나'라는 사람은 고유 이름을 가지고 있다. 태생적으로는 부모의 아들, 딸이며, 형제나 자매에 속한다. 혈족관계에서는 형, 누나, 동생으로 불리지만 학교에 가면 관계가 친구, 선배로 다시 나뉜다. 결혼을 하고 자식을 낳으면 호칭은 그 환경에 따라 또다시 달라지며, 사회생활은 자신의 위치나 지위에 따라서 또 달라진다. 이렇게 다양한 호칭의 모습을 다시 다 거두어들이면 결국 나는 '나'라는 일개一個로 돌아간다.

그렇다면 도대체 나는 누구인가?

역시 회광반조하여 밑둥이 '쑤욱~' 하고 빠져야 될 일이다.

수행자는 완성자가 아니다. 수행이란 행음行陰을 닦는 일이며, 일상의 습관이 바뀌어서 행동이 변화되고, 나아가 생활이 변화하는 일이다. 수행자는 완성을 향해서 나아갈 뿐이다. 완성이란 그저 타인의 시선임을 잊지 말아야 한다. 스승님의 '향상向上, 또 향상!'이란 경책의 목소리가 이 밤 어둠 속에서 쩌렁쩌렁하다.

11. 無量遠劫 即一念 무량원겁 즉일념

'끝이 없는 무량겁이 일념이다.'

시간時間은 감각적 표상인 관념이다. 그런 생각에는 관성慣性이 있다. 이유는 습관이 붙어서 굳어졌기 때문이다. 굳어진 것은 집착했기 때문이며, 이는 선입견, 고정관념으로 자리 잡는다. 이런 선입견으로 자주 등장하는 비유가 길을 가다가 새끼줄을 보고 뱀인 줄 알고 깜짝 놀랐다거나, 우리 옛 속담처럼 '자라 보고 놀란 가슴 솥뚜껑 보고 놀란다'는 이야기이다. 생각이 있는 곳에 시간이 흐른다. 생각은 변화하고, 변화하는 것에 대한 단짝은 시간이다. 시간은 과거, 현재, 미래로 변화하고, 그렇게 나누고 있지만 오히려 생각의 입장에서 본다면 한 생각이 변화함에 따라 시간이 나누어진다.

시간 속에는 우주 만물의 성成·주住·괴壞·공空이 있다. 우주의 시간은 세계가 성립되는 지극히 긴 기간인 성겁成劫, 머무르는 기간인 주겁住劫, 파괴되어 가는 기간인 괴겁壞劫, 파괴되어 아무것도 없는 상태로 지속되는 기간인 공겁空劫으로 구분된다. 겁劫이란 한 세계가 시작해서 소멸되어 공무空無가 되는 무수한 세월을 말한다. 겁을 소小, 중中, 대大로 나누고, 한 세계가 성·주·괴·공으로 진행되는 기간을 일대겁一大劫이라고 한다. 『종경록』에 의하면 "『능엄경초楞嚴經鈔』에서 말하길, 겁劫이란 시간에 따른 그 분야의 의미(시분의時分義)이다. 그래서 시간의 분야로 나눈 성·주·괴·공의 겁 모두가 중생들이 허망하게 분별하는 견해를 따른 느낌일 뿐 그 시간의 실존은 끝내 없다"라고 하였다. 한편 보살이 발심해서 성불할 때까지 수행에 소요된 시간을 삼아승지겁三阿僧祇劫 또는 백대겁百大劫이라고 한다.

그런데 그런 어마어마한 시간을 무량원겁無量遠劫 즉일념卽一念이라, 그저 '한 생각'일 뿐이라고 간단하게 잘라 말한다. 시간의 탄생은 일념一念이다. 그저 한 생각 일으키면 무량한 시간이 흐른다. 예를 들어 꿈을 꾼 시간은 현실에서는 고작 5분이지만, 그 대하드라마 같은 꿈속 이야기에는 엄청난 시간이 흘렀다. 우리는 평소 하는 일이 재미있으면 언제 시간이 이렇게 빨리 갔느냐는 식으로 짧다고 느끼고, 반대로 지루한 일을 하면 왜 이렇게 시간이 안 가냐고 푸념하기도 한다. 실제로 시간은 재미있을 때나 지루했을 때나 똑같은 시간을 소비했음에도 불구하고 시간의 차이를 느낀다. 차이란 이미 마음이 기울어졌다는 거다. 이렇게 기울어진 마음을, 새벽녘 옛 우물가에서 깨달아 쓴 추사 김정희의 시로 잠시 감상해 보자.

옛 우물가 새벽에 세수하러 나갔더니
옛 우물 붉기가 불타는 것 같았다.
복사꽃 만발함을 미처 모르고
단사천丹砂泉이 아닌가 의심했었다.
……

새벽녘 잠에서 덜 깬 작가가 복사꽃이 비추이는 물을 착각하여 마치 샘에서 붉은 물이 솟아오르는 줄로 오해하였다. 흔히 새끼줄을 뱀으로 오해하는 것과 같은 착시현상이다. 유식학에서는 이와 같은 사실을 '마음이 마음을 본다'라고 표현한다. '마음이 마음을 본다'라는 사실에는 마음이 양면으로 작용한다는 사실이 전제되어 있다. 즉 '보는' 능동적인 작용과 '보여지는' 수동적인 작용이다. 보여지는 작용은 '보여지는 것'이 이미 마음속에 내재되어 있음을 전제하고, 보는 작용은 그 보여지는 것을 어떤 형상으로 나타내 보임을 의미한다. 사람들은 마음이 나타내 보이는 그것을 외부에 따로 존재하는 실체라고 간주하고 살아가는 것이다.

다시 시간에 대한 이야기로 돌아와 보면, 지옥에서 보내는 시간과 천국에서 보내는 시간도 어쩌면 이럴 것이다. 고통이 많고 심할수록 시간은 더디게 흐른다. 그래서 가끔 뒤를 돌아보면서 회상할 때면 어둡고 긴 터널을 이제 다 빠져나왔다고 말한다. 이런 물리적 시간이나 심리적 시간에 대한 길고 짧은 느낌을 벗어나는 방법은 자재自在함을 얻는 것이다. 자재함을 얻는 방법은 일체개공一切皆空을 통해 공성空性을 체득하고 주인공을 찾는 일이다. 이때는 염라대왕도 주인공을 찾을 수가 없다!

수처작주隨處作主 입처개진立處皆眞이라, 내가 있는 곳 어디에서든지 언제나 주인공이 되면 서 있는 그 자리가 바로 참된 곳(진리, 법성의 자리)이다. 내가 마음을 어떻게 쓰는가에 따라 같은 자리일지라도 진제眞諦와 속제俗諦로 나누어진다. 경에서는 성문, 연각, 보살, 부처인 사성의 정법(사성정법四聖淨法)에 거처하면 진제요, 천상, 아수라, 인간, 축생, 아귀, 지옥의 육도범부의 염법(육범염법六凡染法)에 거처하면 속제라 이름한다.

떡을 파는 노파가 떡을 사려는 스님에게 묻는다. "『금강경』에 '과거심過去心 불가득不可得, 현재심現在心 불가득不可得, 미래심未來心 불가득不可得'이라 했는데 어느 마음에 점點을 찍겠는가? 만일 답을 하신다면 떡을 그냥 드리리다." 그러나 스님은 그만 꿀 먹은 벙어리가 되고 말았다. 평소 자신의 생각에 집착하면 상대의 아무리 쉬운 설명도 이해하지 못한다. 『금강경』에서는 석가모니 부처님께서 제자 수보리에게 묻는다. "내가 부처인가?" 수보리가 답하길 "아닙니다. 이름이 부처일 뿐입니다"라고 했다. 보라, 부처님조차도 부처의 자리를 내려놓으셨다.

선사께서 이르시길 '공유간재대로空宥間在大路'라, 공空과 유宥 사이에 큰 길이 있어, 오고가는 길을 찾으라신다.

자, 지금 바로 여기에서, 당신도 무량겁無量劫을 벗어나 한 점 찍어 보시라!

12. 一念卽是 無量劫 일념즉시 무량겁

'일념이 곧 끝이 없는 무량겁이다.'

'방하착放下着하라'는 말은 집착하는 마음을 내려놓으라는 말이다. 그런데 이 마음이란 게 그렇게 잘 되지 않는다. 이유가 뭘까? 집착하는 가장 큰 이유는 이해득실利害得失이다. 자신에게 이로운가, 해로운가, 얻을 것이 있는가, 잃어버림이 있는가에 따라 좋은 것은 절대 놓지 않으려고 하고 싫은 것은 버리거나 멀리하려는 성향이 있다. 그래서 대화를 하더라도 자신에게 유리한 것은 잘 들리고 불리한 것은 전혀 들리지 않거나, 사실과 다르게 왜곡해서 듣는다. 수많은 오해는 여기에서 비롯된다.

반대로 스펀지가 물을 잘 빨아들이듯이 상대의 강의나 말이 귀에 쏙쏙 잘 들어오는 것은 자신의 고정관념을 버렸기 때문이다.

집중集中이란 나를 버리는 것이다. 흔히 푸른 숲이나 바다에 나가면 황홀경에 빠져 자연스럽게 나를 잊어버린다. 게임이나 술과 같은 것에 빠져도 나를 잊는다. 나를 잊는 순간은 짜릿하다. 그러나 그렇게 잊는 것은 나중에 허무함이 더욱 밀려온다. 이런 것들은 짧고 질이 낮은 삼매이기 때문이다. 이런 삼매는 중독성이 강하다. 하여튼 나를 버리면 상대와 내가 둘로 벌어지지 않기 때문에 말의 의도를 바로 알아차린다. 말에는 말이 다니는 길인 어로語路가 있고, 그 밑으로 의로意路가 있다. 그래서 선가에서는 말에 따라가지 말라고 이야기하는데 이를 두고 한 말이다.

무의식, 잠재의식 속으로 의도한 바를 상대에게 전달하기 위해서는 의식意識의 방해를 비켜나가야 한다. 그런데 듣는 사람은 상대의 말에 대한 숨겨진 의도가 무엇인지 순간순간 자기 식으로 분별하고 판단한다. 그래서 성인聖人들이 비유나 은유로써 수사하는 이유가 여기에 있다. 이러한 메타포(metaphor, 은유)는 의식에게는 단순한 비유적 이야기로 전달되지만, 의식을 넘어 무의식 차원에서는 강력한 암시 또는 지혜로 작용한다. 의식이란 일종에 알음알이이다. 내가 판단하고 내가 분별하기 때문에 쉽게 감동되지 않고, 설득되지 않고, 이해되지도 않는다. 그래서 나를 버리거나, 생각을 버리거나, 분별하지 말라는 것이다. 그러나 때론 그런 나를 달래 주기도 해야 한다. 즉 이해시켜야 한다. 이해하면 스스로 자신에게 반발하지 않는다. 그것이 교학教學이 필요한 이유다.

사찰의 입구에 들어서면 '입차문래入此門來 막존지해莫存知解' 라, '이 문에 들어서면 알음알이(아는 것, 지식, 관념 따위)를 내지 마라'는 내용의 비석을 가끔 본다. 알음알이를 버려야 비로소 '정定'에 들 수 있다. 정定은 균형을 이룬 마음인데, 분별심이 사라진 마음이다. 도道는 깨쳐야 하지만 정定은 부단히 노력하여 닦아야 한다. 모든 종교와 수련의 공통분모가 정定에 드는 것이다. 그러나 문 앞에 있는 사람들은 항상 분별한다. 고목생화枯木生花라, 마른 나무에서 꽃이 핀다. 여기서 고목은 고요함의 극치인 무심無心이다. 무심한 마음에서 꽃이 피고 열매 맺는다.

삼성三聖 스님이 설봉雪峰 스님에게 물었다.

"천겁 만겁의 그물에서 벗어난 금린(金鱗, 황금빛 물고기)은 무엇을 먹고 삽니까?"

설봉 스님이 말했다. "그물을 벗어나서 와라. 그러면 말해주겠다."

다시 삼성 스님이 말했다. "천오백 명을 거느린 선지식이 이 말도 모른단 말입니까?"

설봉 스님이 답했다. "노승이 주지 일에 바빠서……"

십대 또래의 리더leader 아이들을 보면 자신의 신조로 산다. 부모나 선생, 또는 선배나 친구 누군가에게 자신이 어떻게 행동해야 하는지 묻지 않고 자신의 견해를 가지고 산다. 이들은 이미 자신이 타인에게 물어봐야 한다는 강박감에서 해방되었다는 내용을 어디선가 읽은 적이 있다. 삼성三聖 스님의 질문을 따져본다면 선후先後를 모르고 덤비면 자기 발등에 떨어진 불(火)이 뜨거운 줄도 모르고 우물가에서 숭늉 찾는 격이 된다. 노승이 주지 일에 바쁘다는 핑계는 이렇다. "정상에 오르지도 못한 주제에 무슨, 정상에 서면 어떠하냐고 묻는가? 자신 스스로 오르지 못했다면 그 소식 묻지도 마라. 답해 줘도 모른다. 그러나 나 또한 설명할 길이 없구나! 말로는 어찌 할 수 없는 이 도리道理, 참으로 애석하도다! 그러니 성가시구나, 이 애송이야! 네 놈의 얽히고설킨 인연에 따른 그 업장의 그물이나 먼저 치우고 와라. 나를 자꾸 번거롭게 하지 말고……" 하시면서 슬며시 꽁무니를 빼신다. 그러나 거기서 벗어나면 누가 설봉 스님을 만나랴. 그래도 찾아줄 때가 좋은 시절인줄 왜 모르실까? 끈 떨어지면 그 연 다시는 볼 수 없느니……. 에이, 남의 벌을 내가 대신 서 주었네. 하하!

이렇듯 마침내 분별심分別心을 벗어난 분별이야말로 반야般若라고 일컫는다. 밑이 빠져 있는 반야용선般若龍船을 탈 줄 알아야 비로소 반야지혜般若智慧가 발현된다. 제자가 스승에게 묻길 "무엇이 반야바라밀입니까?" 하니, 스승이 답하길 "대공大空!"이라 했다. 대공大空에는 대략 다섯 가지의 뜻이 있는데, 첫째 인공人空과 법공法空의 두 공을 대공이라고 한다. 둘째 반야바라밀공을 대공이라고 부른다. 셋째 기세계의 공함(器世界空)을 대공이라고 한다. 넷째 아뢰야식의 공함(阿梨耶識空)을 대공이라고 부른다. 다섯째 시방十方의 모습이 공함을 대공이라 부른다. 한편 유교적으로 풀이한다면, 대공大空은 대공大公으로서 대공무사大公無私의 준말이다. 사사로움을 버린 마음, 어느 누구에게나 사안에 대해 공정한 마음. 평상심시도平常心是道라, 기울어지지 않은 마음이 곧 대공이며 반야의 지혜를 드러내는 일이다.

앞서 체體와 용用을 언급했는데 주主와 객客, 능能과 소所 둘로 나누어지면 일체가 꽃처럼 피어난다. 이때 시간과 공간도 예외가 아니다. 시간과 공간도 사용하면 나타나지만 사용하지 않으면 사라진다. 무변허공無邊虛空이 각소현발覺所顯發이라, 참선 중에 깊이 들어가 오로지 '아는 것' 하나 반짝이면 이때 시간과 공간이 따로 있는 것이 아님을 알 수 있다. '용用'이란 쓰고 나면 항상 그 체성體性이 '공空'임을 확실히 알아야 한다. 그래야 성성星星과 적적寂寂이 쌍을 이루고, 진공眞空과 묘유妙有가 한 몸이 된다. 일문심입一門深入이라, 도道의 바닥에 깊이 다다를수록 자연스럽게 바라밀이 행해지는 도리가 여기 있다.

생시生時에 사람이 제일 귀하게 여기는 것이 생명이며 목숨이다. 그에 대한 집착이 무량겁을 이룬다. 염念이란 마음에 새겨 잊지 않는 것이다. 일념一念은 일념무명一念無明이다. 한 생각 일으키니 그 생각이 무량겁으로 이어진다. 그렇게 윤회의 바퀴가 오랜 세월 굴러간다. 도대체 인생이란 어디서 와서 어디로 가는가? 그러나 수련이 잘 된 사람은 다음 생을 받을 때 자재自在하다. 이렇게 생이지지生而知之, 또는 보살이 되거나, 육신이 아닌 초지初地 이상의 보살이 중생을 제도하기 위하여 의意로써 만들어 낸 몸인 의생신(意生身, 또는 의성신意成身)을 이룬다. 이것이 대승大乘의 마음가짐이다.

13. 九世十世 互相卽 구세십세 호상즉

'구세와 십세가 서로 모두 밀접하나'

구세九世, 십세十世는 과거, 현재, 미래를 삼세三世로 보고 각 삼세 속에 또 삼세가 있다고 보는 시간관이다. 다시 말해서 과거의 과거, 과거의 현재, 과거의 미래, 현재의 과거, 현재의 현재, 현재의 미래, 미래의 과거, 미래의 현재, 미래의 미래로 합이 모두 구세이다. 그리고 구세를 총괄적으로 바라보는 시점이 십세이다.

과거는 흘러갔고 미래는 오지 않았다. 현재란 현재라고 말할 수도 없다. 찰라생刹那生, 찰라멸刹那滅이다. 세상은 자기 마음의 투사投射요 그림자이다. 각자 자신의 시간과 공간에 갇혀 있다. 더욱이 절대고독에 휩싸이면 대개 안절부절못한다. 절대고독이란 오히려 청복靑福을 의미한다. 그럼에도 불구하고 우리가 무한

한 자유로움을 누리지 못하는 것은 오래도록 새장 속에 갇혀 있었기 때문이다. 길들여진 구속, 낯선 자유! 푸른 하늘을 두려워하는 것은 한 번도 자신을 되돌아보지 못했기 때문이다.

젊은 시절, 김성동의 『만다라曼陀羅』라는 소설을 읽은 적이 있었다. 내용 중에 병 속에 새를 어떻게 꺼내느냐는 선문답이 오고 갔다. 물음의 간략한 내용은 이렇다. 병 속에서 처음부터 아주 어린 새끼 새를 키운다. 이제 그 새는 어미 새로 다 커서 성년이 되었다. 그래서 병의 주둥이는 새의 몸이 빠져나올 수 없을 정도로 아주 비좁아져 있었다. 그런데 병을 깨거나 새의 몸을 다치지 않고, 절대 손을 대지 않고서 새를 꺼내는 방법이 무엇인가라는 물음이다.

이 이야기와 관련해서 선가의 옛 일화를 하나 소개하고자 한다. 중국 선종의 유명한 황벽黃檗 희운希運 선사와 당대 명재상이었던 배휴裵休와의 선문답 속에 든 깨달음에 대한 이야기이다.

희운 선사가 머무는 개원사에 배휴가 왔다가 벽에 걸린 희운 선사의 초상화를 보고 원주 스님에게 물었다.

"벽에 그려져 있는 것이 무엇입니까?"

원주가 답하길 "고승입니다" 하였다.

"형상은 볼 수 있으나, 고승은 어디 갔는가?" 하고 배휴가 다시 물었다.

원주가 아무 답도 못했다.

"여기에 선사는 없는가?" 하고 배휴가 또 물으니,

"희운 상좌라는 분이 있는데, 아마 선사 같습니다"라며 원주가
답했다.

이에 배휴가 희운 스님을 모셔 와서 원주와 했던 문답을 하며
다시 물으니

희운 스님이 다시 물으라고 했다.

"형상은 볼 수 있는데, 고승은 어디 갔습니까?" 하고 배휴가 물
었다.

희운 스님께서 "배 상공!" 하고 갑자기 불렀다.

이에 배상공이 얼떨결에 "네!" 하고 답하니

"고승이 여기 있네!" 하고 희운 스님이 대답했다.

이때 배상공이 크게 깨달아 그의 제자가 되었다는 유명한 일화
이다.

지금 읽던 책을 잠시 덮고 숨을 고른 후 천천히 자신의 이름을
불러보라. 자신의 이름을 부른 '그'를 찾아보라. '그'를 찾는 순간,
지금 새는 병 속을 탈출하여 푸르른 창공 속으로 날아간다. '그'
는 과거, 현재, 미래를 모두 아우르고 있으며 과거, 현재, 미래에

구속되어 있지도 않다. '그'는 불생불멸不生不滅하며, 불구부정不垢不淨이요, 부증불감不增不減이다. 나지도 않고 사라지지도 않지만, 더럽지도 깨끗하지도 않다. 더럽다, 깨끗하다는 것은 내 생각일 뿐이다. 또한 더하지도 줄어들지도 않는다. 삼세의 부처님이 모두 다 이 한 집, '그' 안에 모여 계신다.

서산 스님께서 자신의 영정影幀에 스스로 찬讚하신 게송偈頌 하나를 읊어보자.

팔십년전거시아八十年前渠是我
팔십년후아시거八十年後我是渠

지금 늙은 나이에 '나'를 돌아보니
팔십 살 전에는 '그'가 '나'이더니,
오늘 비로소 '내'가 '그'로다!

이것이야말로 깨달은 사람의 사자후獅子吼다.

이와 비슷한 게송이 있어서 추가하여 좀 더 설명하자면 이렇다. 중국의 동산 스님께서 개울물을 건너다가 물 위에 비친 자신의 그림자를 보고 문득 깨달아서 지으신 오도송悟道頌이 있다.

그를 좇아 찾으려 하지 말지니

나와 점점 더 멀어진다네.

내가 이제 홀로 가니

도처에서 그를 만나리.

그가 이제는 바로 나요

나는 지금 그가 아니네.

모름지기 이렇게 이해해야 하니

그래야 여여如如할 수 있으리.

간략하게 주註를 달아 본다면 이렇다. '내'가 이미 '그'인데, 달리 '그'라는 상相을 내지 말라. '내'가 '그'라고 생각하는 순간 그르친다. 그러니 무심無心해라. 그러면 자연스레 '그'가 드러난다. 눈이 눈을 볼 수 없듯이, 부처는 부처를 볼 수 없다. 당체當體가 부처이기 때문이다.

그래도 깨닫지 못했다면 이렇게 기도해야 한다. "모두가 나를 나쁘게 말하고, 다른 이가 나를 해롭게 하며, 그처럼 조롱해도 좋습니다. 이 모든 것이 깨달음을 이루는 인연이 되게 하소서!"(「입보리행론入菩提行論」 중에서)라고 말이다. 이는 업장소멸이 먼저이기 때문이다. 백봉 김기추 거사님(1908~1985)의 말씀에 따르면 "업을 녹이려면 마음이 비워져야 한다. 수미산과 같은 업이 있더라도 공리空理, 즉 텅 빈 이치를 요달하면 업을 다 녹일 수 있다. 업의 당처도 비었고, 인연의 당처도 비었으니, 이 빈 것을 알아서 행으로 옮기면 업은 자연히 녹기 마련이다"라고 하셨다. 장익 교수가 쓴 『유식학』에서는 "수행의 노력에 의해 아뢰야식 업력종자도 아라한이나 보살 제7지에서는 단절된다. 단절되면 제7식의 '아'에 대한 집착이 끊어지고 무아의 이치를 알게 되고, 윤회의 주체인 '아'에 대한 집착이 사라짐으로써 해탈을 얻게 된다"고 하였다. 또한 『선문촬요』의 「달마혈맥론」에서는 "성냄과 기뻐함의 성품이 공한 줄 알아서 집착하지만 않으면 곧 업력을 벗어난다"고 하였다. 이는 남회근 선사께서 항상 말씀하시던 '성공연기性空緣起'와 무엇이 다르랴!

여백餘白이 있기에 글씨가 있다. 글을 볼 수 있는 것은 여백이 있기 때문이다. 여백을 볼 줄 알아야 뜻을 제대로 밝힐 수 있다. 여백과 글과 독자가 삼위일체가 되면 글의 의미가 자연스럽게 드러난다. 십세가 중심이 되어 구세를 아우르고, 또한 구세 안에 십세가 있어 서로 밀접하게 상호 작용하는 것이 그런 연유다.

십세는 시간의 안과 밖을 다 아우르며 시간을 넘어선 자리다. 『종경록』에서는, 시간이란 실체는 존재하지 않는다고 하였다. 그래서 나의 스승께서는 차茶를 마실 요량이면, 차를 마신다는 것은 시간을 희롱하는 것이라고 가르침을 주셨다. 시간을 희롱한다 함은 시간에 구애받지 않는 한가閑暇한 사람, 할 일을 다 마친 도인이 되라는 복선이 깔린 말씀이다. 그런 사람이야말로 시간의 공空함을 깨달아 언제나 자재하게 삼세三世를 한 꼬챙이에 끼워 길을 가는 진정한 행자行者가 아니겠는가! 시고행자是故行者 환본제還本際!

14. 仍不雜亂 隔別成 잉불잡란 격별성

'(섞여 있지만) 마구 흐트러지거나 뒤섞이지 않고 따로 따로 이루었다.'

석가모니 부처님께서 이 세상에 오셔서 일대사一大事 인연을 지으신 것이 오늘날 모든 중생들에게 불법을 만날 수 있게 하심이라. 중생에게 가장 큰 과제가 죽고 사는 문제를 해결함이니, 왕국을 소유할 수 있는 왕의 자리도 마다하고, 석가모니께서 구도求道의 길을 나섰다.

  종국에는 전 인류를 비롯하여 모든 중생을 한 배에 태워 차안此岸에서 피안彼岸으로 건너가는 큰 방주를 마련하셨으니, 처음에는 세상에서 '내로라' 하는 스승을 찾아가서 각 선정禪定의 단계를 공부하셨다. 언제나 향상일로向上一路의 구도 길에서 이것이 마지막 단계인지를 스스로 점검하시고, 비록 어렵게 얻은 경지일지라도, 이것이 끝이 아님을 알면 과감히 버리고 또다시 공부에 매진하셨다.

인간 육체의 한계에 다다르는 극심함으로 온몸은 살과 뼈가 달라붙어서 마른 뼈가 그대로 드러나 있었다. 어두운 동굴같이 생긴 퀭한 두 눈은 마치 미라처럼 흉측하게 변했고, 온몸에 힘줄이 극명하게 보일 정도로, 수행은 이미 6년이란 혹독한 세월 속에서 고행苦行으로 변질되어 가고 있었다. 어느 날 문득 이러한 고행으로는 절대로 득도得道할 수 없음을 알아차린 석가모니 부처님께서는 6년의 고행이나, 반대로 왕궁에서 물질을 추구했던 쾌락으로써는 그 어떤 진리도 얻을 수 없다는 사실을 알게 되셨다. 이것이 바로 사랑하지만 애착하지 아니하고, 슬프지만 비탄에 빠지지 않는, 양극단을 여의는 중도中道를 깨달으셨던 것이다.

이후 석가모니 부처님께서는 힘든 고행을 접고 강가로 나와 몸을 씻었다. 마침 그 앞을 지나가던 여인으로부터 우유죽을 받아 드시고 기력을 회복하여 다시 보리수나무 아래 가부좌를 틀고 앉으셨다. 이윽고 안반수의(安般守意: 안나반나, 출입식出入息) 수행을 통해 선정禪定에 드셨다. 선정에 들어서 숙명통宿命通이 열리고 천안통天眼通이 열렸다. 그리고 새벽별이 뜰 무렵, 고통의 원인이 집착(갈애)이며 고통을 소멸시키는 수단이 도道라는 고집멸도苦集滅

道의 사성제四聖蹄를 깨우치시며, 일체 번뇌를 끊으면서 누진통漏盡通이 열렸다. 그리고 모든 번뇌가 소멸하여 비로소 해탈 열반에 드셨다.

『대반열반경』에 따르면 부처님은 승단을 조성하려고 결코 생각하지 않으셨으며, 승단이 그에게 의지하는 것도 원하지 않으셨다. 그럼에도 불구하고 이 역사적 사건은 시간과 공간을 넘어서 그 말씀의 가르침이 오늘 지금 바로 이 자리에서 활발발活潑發하게 살아 있음을 피부로 역력히 느낄 수 있다. 이는 석가모니 부처님께서 이미 미래를 예견하여 십세十世를 중심으로 구세九世를 한 꿰에 꿰었으니, 각각의 시간으로 들어가고 나옴이 자유로우시기 때문이다. 말로는 표현할 수 없는 법신法身 자리에서는 이미 시공간을 소통함이 자재하나, 중생계에서는 각각의 시간은 정밀하여 인과因果의 모습으로 드러나며 한 치도 틀림이 없다.

그래서 미래를 알고 싶으면 현재에 내가 지금하고 있는 행위가 어떤지를 곰곰이 생각해 보면 알 수 있다. 지금의 행위가 나의 미래를 결정짓기 때문이다. 별도로 희망을 품는다는 것은 자신을 스스로 격려하는 정도이지, 희망이란 것이 일상과 달리 존재한다고 생각하는 것은 환상에 불과하다. 현재에 만족스럽지 못한 마음 상태가 미래에 대해 희망이라는 단어로 마음속에 막연히 부푼

그림을 채워 넣고 스스로를 기만하기 때문이다. 희망이란 이미 내 마음속에 있는 것이다. 내가 내 깊은 마음속에서 꺼내 쓰는 것이다. 그러니 현재에 집중하라. 현재에 집중하면 할수록 일념一念으로 무량한 행복감을 느낄 것이다. 불학佛學에서는 이것을 법열法悅이라 부른다.

자, 이제 끊임없이 일어나는 생각을 멈추고, 무겁고 힘든 마음의 많은 짐들을 잠시 내려놓자! 허리를 꼿꼿하게 펴고 심호흡을 크게 한번 하고 고개를 들어 푸른 하늘을 한번 쳐다보라. 갑자기 눈물이라도 왈칵 쏟아질 듯한 감동이 밀려오지 않는가? 이때 마음이 움직였다. 내면에 도대체 무엇이 있어서 이런 감동을 느끼고 있나 하고 뒤돌아본다. 깊이깊이 자신의 세계로 들어가 보자. 석가모니 부처님께서 쓰셨던 마음이나 우리네 중생의 마음이 둘이 아니다.

우리의 본래면목本來面目이란 모든 것을 다 돌려주고 또 돌려주고도 더 이상 돌려줄 것이 없는 것, 그것이 바로 진정한 나의 모습이다. 생각을 버리고, 버리고, 또 버려서 더 이상 아무런 생각이 나지 않는 상태가 본래면목인 것이다. 그렇기에 이 법法은 모든 중생에게 동일하게 적용되어서 결국에는 부처라는 자리에서 모두 만나게 되어 있다.

석가모니 부처님은 이렇게 진정한 자신을 발견하시고 일개 왕국의 왕 자리를 벗어나셔서 시간과 공간을 넘어선 대영웅大英雄이 되셨다. 그래서 석가모니 부처님을 모신 법당을 대웅보전大雄寶殿 또는 대웅전大雄殿이라 일컫는다. 그런 위대한 영웅이 되신 세존世尊을 우러르지는 못할망정 옛 선사께서는 학인學人을 격발擊發시키기 위해 모순된 질문을 하셨다. 그분 말씀이 '석가모니는 누구의 노예인가?' 하는 선문답이었다.

이렇게 화두話頭는 세상을 바라보는 틀, 즉 프레임Frame을 갑작스럽게 변화시키거나 아예 부숴버리는 일종의 암호와도 같다. 그러나 물론 화두가 암호는 절대 아니며, 암호 풀듯이 화두를 드는 것도 아니다. 그러나 화두를 통해 일상적인 의식이 순간 마비되거나 단절되어 아득해지는 체험을 하게 된다. 자, 참구해 보자! '어째서 노예라고 했을까?' 성철 스님께서는 모든 화두에 의심을 북돋기 위해서 항상 '어째서'라는 말을 앞에 붙여서 참구하라고 권하셨다. 자, 이제 할 일을 모두 마친 학인에게는 세존께서 손수 앉으셨던 자리를 슬며시 양보하시며, 자리를 반으로 나눠 앉자고 권하실 거다. 마치 가섭존자에게 하셨던 것과 같이 말이다.

동자승이 여기저기 분주하게 잡일이 많은 가운데 대중이 모두 나와 겨울 흰 눈이 쌓인 마당을 쓸고 있었다. 그런데 가만히 보니 한쪽 구석 그루터기에 모여 앉아 한담閑談을 나누는 세 명의 노승老僧들이 눈이 들어왔다. 맹랑한 어린 동자승이 쓸던 비질을 멈추고 싸리비를 어깨에 메고 노승들에게 다가가서 말했다. "스님들께서는 왜 마당을 쓸지 않으십니까?" 그랬더니 한 노승께서 동자승에게 선물 한 보따리를 푸셨다.

종탁어공鍾鐸語空이요
요중수선搖中修禪이라.

종소리 목탁소리 공空을 노래하며
요동치는 가운데 선을 닦도다.

이에 동자승은 공손하게 두 손 모아 합장하고 자리에서 물러났다. 만일 이 동자승의 빈자리를 대신한다면 나는 이렇게 답가答歌해 드리고 싶다.

종소리, 목탁소리 듣는 이는
어디로 갔기에 공하다고 하는가.
공하다고 속고 속이는 것이
짧은 세월이 아니로세.
쓸어도, 쓸어도 쓸리지 않는 것은 티끌이 아니요
홀로 애쓸 일이 아니네.

황금이 돌이 되어 굴러다니는구나.

좋구나!

물처럼 바람처럼 무심하니

온갖 티끌이 사라지네.

보리菩提가 티끌처럼 날아다녀도

이 또한 황금가루 눈꽃처럼 휘황하구나.

휘유輝猶한 눈발 속에서 한숨 잘 자고 가노라.

15. 初發心時 便正覺 초발심시 변정각

'처음 발심한 마음이 바로 정각을 이룬 때다.'

발심發心은 에고Ego가 '참나'를 찾겠다고 결심한 상태를 말한다. 그런 마음이 일어나는 때는 일상적이지 않다. 처음으로 공부를 시작하겠다고 마음을 내는 환경이 조성되어야 한다. 그것을 연緣이라 하는데 연은 평소에 잘 맺어 놓아야 한다. 중생이 지난 과거에 발심發心을 위해 무심코 씨를 뿌려 놓은 것이 불佛과 법法 사이에서 연이 되면 초발심初發心이 된다. 법으로 시작해서 불로 끝나는 법성게의 모든 게송의 내용들이 연으로 이루어진 내용들이다.

　『종경록』에서는

경전에서 말하길, 깨달음의 종자는 훈습하는 인연의 세력을 따라서 일어난다고 하였다. 그러므로 염법이나 정법, 그 어떤 법이든 간에 훈습으로 이루어지지 않음이 없음을 알 수 있다.

그러므로 알아야 할 것은, 많이 듣고 훈습하는 공부를 하려면 모름지기 도를 지닌 친구를 친근히 해야 하나, 학문을 축적하여 연마하는 능력은 그 사람 본인에게 온전히 있다는 점이다. 그러므로 부질없이 세월을 허비하지 말고 오묘한 실천적 수행을 부지런히 해야 한다.

……

이처럼 우리 몸속의 깨달을 성품은 깨달음의 올바른 종자이긴 하나, 정업을 닦을 만한 외부의 훈습 인연을 만나지 못하면 그 오묘한 작용을 이루기 어렵다.

라고 하였다. 전생에 복을 너무 많이 지어서 현생에 배가 부르고 등이 따스하면 공부하고자 하는 마음이 잘 일어나지 않는다고 한다. 반대로 너무 배고프고 힘이 들어 먹고사는 일에 헐떡이면 공부할 마음을 낼 틈조차 없다고 한다. 그러나 걱정하지 마라. 법성法性은 언제 어디서나 항상 밝게 비추고 있다. 어두움을 몰아낼 밝음을 기다리지만 밝음이 지나고 나면 다시 어두움이 찾아든다. 어느 세월에 항상 빛나는 광명光明을 놓을쏜가? 지혜의 횃불을 마음에 항상 밝힌다면 어둠과 밝음을 더 이상 기다리지 않으리라! 한 번만 뒤돌아보면 만날 수 있는데, 그리운 당신을 등 뒤에 붙들어놓고 앞만 보고 미친 듯이 찾아 헤맨다. 그래서 가아假我와 진아眞我의 관계를 이렇게 비유하기도 한다. '하녀 소옥이를 부르는 것은 소옥이가 보고 싶어서가 아니다. 애첩을 그리는 마음을 다른 이에게 들키지 않기 위해 담장 밖에서 넌지시 하녀의 이름을 불러 애첩이 듣게 하려 함이다.'

의식意識은 눈을 통해 인식하는 뇌에만 국한되어 있는 것이 아니다. 우리가 양 팔을 벌려 큰 원을 그리면 그 공간까지도 우리의 의식은 이미 확장되어 있다. 그래서 내 뒤에서 누군가가 나를 지켜보고 있다면 뒤통수가 간지러운 것이 그런 이유이다. 이때 감지感知되는 대상인 소리나 기색을 인기척이라 한다. 의식이란 물질의 반대 개념으로서 별도로 존재하는 정신으로 인식되어 왔으며, 오랜 세월 삶을 영위하는 윤회의 주체로서 자아나 영혼으로 잘못 알려져 왔다.

초기 경전에서는 의식에 대하여 부처님과 제자 사이의 대화로써 가르침을 주고 있다. 부처님께서 의식에 대해 설하시길, 조건에서 의식이 생겨나니, 곧 조건 없이는 의식도 일어나지 않는다고 하시며, 의식이란 그것이 일어나는 조건에 따라 이름이 지어진다고 하셨다. 시각과 형상을 조건으로 의식이 생겨나는데 그것을 시각의식이라고 한다. 청각과 소리에 의한 것은 청각의식, 후각과 냄새를 조건으로 하면 후각의식, 미각과 맛으로는 미각의식, 촉각과 감촉은 촉각의식, 정신과 사건을 조건으로 생기는 의식은 정신의식이라고 하셨다. 이는 연기緣起를 통해 무아無我, 즉 공空을 가르치시는 대목이기도 하다.

라디오가 대세였던 시대에서는 청각聽覺이 인간의 상상력을 자극하는 데 효과적이었다. 태아가 신체를 구성하는 것 중에 제일 먼저 귀를 만들어지고, 다음에 눈이 생겨난다. 그럼에도 불구하고 현대인은 시각에 너무 의존하여 살아왔다. TV와 같은 영상매체의 발달은 오감五感 중에서 시각적인 기능을 편중되게 발전시켜 왔다. 결국은 길거리를 걸어가거나 지하철 안에서 시간과 공간에 제약 없이 스마트폰을 사용할 정도이니, 뇌는 도대체 언제나 쉴 수 있을까? 직장이 끝나면 집에 가기 전까지는 업무의 연장선으로, 또는 하루의 스트레스를 풀기 위해 술과 담배에 찌들어 고통과 쾌락이 뒤섞인 밤을 보낸다. 집으로 돌아오면 단지 그 기회란 잠인데 수면 중에도 끝없이 꿈을 꾸며 뒤척인다.

꿈이란 뇌의 지속된 활동이다. 하루를 가만히 살펴보면 마음도 몸도 모두 헐떡거리는 가운데 1분 1초라도 쉴 수 있는 기회가 좀처럼 없다. '쉬고 싶다. 정말 쉬고 싶다. 쉬면서 나를 찾고 싶다'는 마음이 초발심이다. 생전 스승께서는 수행자의 방에 이름을 지으셨는데 그 방 이름이 '헐우방歇牛房'이었다. 헐우歇牛는 소가 쉰다는 뜻이고, 이때 소는 마음을 상징한다. 그러니 헐우방이란 '마음을 쉬게 하는 방'이란 소리다. 사찰의 벽화에 자주 등장하는 십우도十牛圖에도 소와 목동이 나와 수행의 단계를 상징하는데 이때 등장하는 소 역시 마음을 뜻하니, 목동은 의식인 제6식을, 고삐는 수행법을 상징한다.

사업이 부도가 나서 부부가 이혼을 하고 자녀들은 뿔뿔이 흩어져서 가정이 파탄난 친구가 있었다. 한국에서는 신용불량과 채무에 시달려서 어쩔 수 없이 주머니에 달랑 몇십만 원만 들고 외국으로 나갔다. 그리고 여기저기 8개국을 돌아다니다 보니 훌쩍 9년여란 세월이 흘렀다. 다시 한국에 들어와 보니 먹고사는 것이 막막했다. 그 와중에도 과거 단학丹學 공부를 했던 경험을 되살려 마음을 추슬러보기로 했다가, 필자를 만나 불교 수행공부를 접하였다. 그런데 이 친구 말이 한국에 들어오니까 거리에서나 지하철, 버스에서 만나는 사람들의 표정이 한결같이 굳어 있어서 놀랐다고 했다. 얼굴에 웃음이 없는 무표정한 사람들이 대부분이란다. 그러나 우리보다 못 사는 나라에서 일용직으로 하루벌이 하던 시절, 자국과 외국의 노동자들과 같이 생활할 때를 돌이켜 보면 그 열악한 생활 속에서도 그들은 결코 웃음을 잃지 않았고, 마음 씀씀이가 따뜻했음을 느낄 수 있었다고 회고했다. 이 친구의 9

년 행각行脚이 맹자님 말씀을 떠올리게 했다.

천장강대임어사인야天將降大任於斯人也는

필선노기심지必先勞其心志하고

고기근골苦其筋骨하고

아기체부餓其體膚하고

궁핍기신행窮乏其身行하여

불란기소위拂亂其所爲하나니

시고是故는 동심인성動心忍性하여

증익기소불능增益其所不能이니라.

하늘이 장차 이 사람에게 큰일을 맡기고자 할 때에는

반드시 먼저 그 마음과 뜻을 고달프게 하고

뼈마디가 꺾어지는 고난을 당하게 하며

그 몸을 굶주리고

생활은 궁핍하게 만들어

그가 하고자 하는 일을 흔들고 어지럽게 하나니

이러한 까닭은, 먼저 그의 마음을 담금질하고 참을성을 길러

주어

하늘의 뜻을 능히 감당할 수 있는 역량을 키워주기 위함이다.

서양 신비학에는 '불행은 불행을 가장한 축복이다(Crisis is Blessing in Disguise)'라는 말이 있다. 또한 솔로몬의 반지에는 "이 또한 지나가리라(This Too Shall Pass Away)"라고 적혀 있다. 다시 그 친구를 만나면 해주고 싶은 말이다. 사실 이때가 마음 공부하기에는 제일 좋은 때이다. 발심發心의 원동력은 간절함이기 때문이다. 간절함이 수행의 단계를 일취월장日就月將하게끔 한다.

어쩌면 우리는 쉬고 싶다는 생각조차 할 수 없을 정도로 일상의 찌든 생활에 중독되어 살아가고 있는지를 점검해 보아야 한다. '움직이는 데'만 익숙하고 그것에 관성慣性까지 붙어서 아무 생각 없이 브레이크 없는 몸뚱이로 생활하며, 업業을 쉬는 순간이 와서 일손을 잠시라도 놓을 양이면 정신이 붕괴되어 불안해하는 일 중독자가 의외로 많다. 때때로 반대편에 있는 것도 생각하면서 살자. 생生의 반대편에는 사死가 있고, 동動의 반대에는 정靜이 있다. 물론 나중에 수행을 통해 이 대척되는 면이 샴쌍둥이와 같은 것임을 안다면, 행주좌와行主坐臥 어묵동정語默動靜 일체가 선禪이 되겠지만……

초발심初發心에서 발發의 의미는 출발한다, 시작한다는 뜻보다는 마음을 '드러낸다'는 의미를 갖고 있다. 무엇을 드러낼까? 자신의 잘못을 인정하고 과오를 뉘우치기 위해 다시 돌아보는 것이다. 그래서 이때 '발發'자는 발로참회發露懺悔의 '발發'로서 모든 허물을 숨김없이 드러내어 참회하는 것을 말한다. 모든 종교가 그렇듯이 수행의 시작과 진정성은 참회를 반석으로 삼는다. 참회는 수행을 위한 기름진 밭이며 수행도량을 정화하는 정화수요, 업화業火를 끄는 감로수다. 그래서 이것이 없는 수행은 도道가 아니라 술術이다.

초발심이란 수행밖에 할 것이 없다는 마음이요, 삶의 중심에 수행을 으뜸으로 올려놓는 마음이다. 돈 벌고 밥 먹고 사랑하는 것보다 수행을 우선으로 하는 마음가짐이다. 마치 옛날 석탄으로 가는 기관차의 엔진이 맨 앞에 붙어 있는 것처럼, '꽥-' 하고 힘찬 기적소리를 내며 육중한 기차 칸을 달고 달려가는 검은 기관차처럼 수행을 삶의 원동력으로 하여 나머지를 끌고 가는 모습이 초발심으로 굴러가는 삶인 것이다. 여기에는 항상 간절함과 열심(熱心: 뜨거운 마음)이 묻어 있다.

초발심은 순수한 의도意圖이다. 의도는 뇌의 결정보다 빠르다. 즉 뇌에서 의도가 발생하는 것이 아니라, 의식(意識: 의식의 범주는 뇌를 포함하고 있다)에서 의도가 발생하고 나면 뇌는 뒤처리를 지시하는 기능을 담당한다고 뇌 과학자들은 말한다. 이렇게 의도는 이미 결과를 포함하고 있다. 지시한 행동에 의해 자연스럽게 결과로 옮기는 힘을 지니고 있다. 행동에는 반드시 결과가 따른다. 여기서 행위는 참회다. 참회의 순간이 바로 정각正覺의 자리다. 어째서 그럴 수 있을까? 참회하는 마음이나 깨달은 마음, 두 마음의 본바탕은 모두 한 번도 움직인 적이 없기(不動) 때문이다. 초발심시初發心時 변정각便正覺이라, '처음 발심한 때가 바로 정각을 이룬 때다'라는 것이 이를 두고 한 말이 아닐는지, 감히 과학의 어깨에 슬며시 기대어 본다.

16. 生死涅槃 常共和 생사열반 상공화

'생사, 열반도 항상 조화롭게 공존하며'

살아 있어도 깨어 있지 못하면 죽은 것이요, 죽어도 깨어 있으면 산 것이라. 아무리 요동치는 자리에 있어도 본바탕이 공空함을 알면 열반涅槃이다. 폭풍우 치는 바다에서도 고요하라고 함이 바로 이 뜻이다. 보살은 삶과 죽음의 탯줄을 자르고, 열반의 탯줄마저도 잘라 욕계欲界, 색계色界, 무색계無色界를 자유로이 넘나든다. 또한 생과 사와 열반에 얽매이지 않아 각각의 경계를 부릴 줄 알아서 끄달리거나 구속됨이 없다. 그래서 삼계三界를 넘나드는 보살이 되려면 생사, 열반에 구속되지 말아야 한다. 생사와 열반은 현상이지 마지막 도착지가 아니다. 생사와 열반 모두가 법성의 공함 속에 있기 때문이다. 이것이 바로 대승이 추구하는 바다.

생生도 내 마음에서 일어나며, 사死도 내 마음의 움직임이고, 아울러 열반도 내 마음에 달려 있다. 밖으로 경계에 미혹하면 생사와 열반이 따로 존재하는 것으로 전도몽상顚倒夢想한다. 미국의 유명한 소설가 리차드 바크는 "애벌레가 세상의 종말이라고 부르는 것을 지혜로운 성자는 나비라고 부른다"고 하였다. 마음이 어디로 향하는지에 따라 세상은 끔찍한 종말로 인식되어 지옥이 되어버리고, 반면 광명의 눈을 떴을 때에는 애벌레가 우아한 나비가 되어 열반의 하늘을 마음껏 날아다닌다. 이 말씀은 생사의 대척점에 열반이 따로 존재하지 않는다는 것을 강조하기 위해 언급한 문구이다. 그래서 수행에 있어서 수행자의 마음을 조복調伏 받는 것을 중요하게 생각하는데, 티벳 스님들의 수행서로 적천(寂天, Śāntideva. 8세기 초) 스님께서 쓰신 『입보리행론入菩提行論』을 참고하면 다음과 같다.

유정有情 지옥의 무기들은 어느 누가 고의로 만들었나?
시뻘건 철판의 대지는 누가 만들었는가?
타오르는 불길은 무엇으로 만들어졌나?
그 모두가 '악한 마음'이 만들어낸 것이다.
삼계三界 안에 마음보다 더 무서운 것이 없다고
부처님께서 말씀하신다.

......

그리고 비유로 말씀하시길

이 대지를 가죽으로 덮으려 한다면

그 많은 가죽을 어디서 찾을 것인가?

신발 바닥 정도의 가죽만으로 모든 대지를 뒤덮을 수 있는 것

과 같다.

이와 같이 바깥 현상도 내가 전부 조복받기 어려운 것이니,

이 내 마음을 조복하는 것으로도 충분한데

다른 모든 것을 제압할 필요가 어디 있겠는가!

　이처럼 의식의 빛을 돌이켜 회광자간廻光自看한 내 마음만 깨끗
하면 이 세상뿐만 아니라 삼천대천세계三千大天世界 모든 우주 법
계가 청정해지는 도리가 여기에 있다.

　불교 초기에 아라한은 석가모니 부처님 한 분뿐이셨는데, 최
초 제자가 된 다섯 분 모두는 아라한과를 얻었다. 이후 제자들이
늘어나서 총 1,250명의 아라한이 배출되었다. 아라한이란 생사
를 초월한 자(one who is beyond death)로서 중국에서는 나한羅
漢이라고 호칭했다. 때론 한문으로 응공應供, 응진應眞, 살적殺賊,
이악離惡, 진인眞人, 성자聖子 등으로 의역된다. 초기 불교에서는
부처님 당신 스스로를 아라한이라고 호칭하기도 하셨다. 그러나

불교가 대승불교로 바뀌면서 아라한의 본래 뜻이 퇴색됐고, 자신의 해탈만을 추구하는 소승의 성자로 폄하하여 불리면서 격하되었다.

개인적으로 필자는, 현대적 의미로 아라한은 친구라고 생각한다. 목숨을 대신할 정도로 친한 친구다. 서로 말이 통하는 친구, 의견을 나누고 뜻을 같이하는 사람이 아라한이요, 보살이다. 아라한은 부처님의 친구이다. 석가모니 부처님은 당시 1,250명의 제일 친한 친구들을 두셨다. 그를 도반道伴이자 법우法友라고도 부른다. 당신에겐 지금 몇 명의 친구가 있는지?

『미륵하생경彌勒下生經』에서는 석가모니 부처님께서 열반에 드시기 전 4명의 제자를 불러 모아 당부하셨다. 당신께서 열반에 들더라도 미륵 부처님께서 중생을 제도하러 오시기 전까지는 열반에 들지 말고 중생계에 남아 정법을 수호하고 홍포하도록 부촉咐囑하셨다. 이 네 분이 가섭 존자, 라홀라 존자, 군도발탄 존자, 빈두로 존자이시다. 이분들은 아라한을 이루시고 신통력으로써 자신의 수량을 연延하여 세간世間에 머무르면서 정법正法을 수호하기 위해 지금도 입멸入滅하지 않으신다. 현세에서 이분들과의 조우遭遇는, 만날 당시에는 이분들이 누구인지 전혀 식별할 수가 없고, 헤어지고 난 후 가만히 생각해 보면 이분들이었던 것을 뒤늦게 알 수가 있다.

널리 유통된 적이 없던 십육 대아라한을 찬탄하는『십육대아라한예찬문十六大阿羅漢禮讚門』을 우연한 기회에 습득하게 되었다.『예찬문』의 내용은 설법의 형태로 꾸며지기는 했으나「십육대아라한 성적부」에서는 나한들 각자 자신의 수행 과정과 수행에 따른 결과에 대한 내용을 소개하며, 그런 가르침을 통해 그분들이 득력得力한 경계를 예찬자禮讚者에게 다시 당신들의 힘을 실어 주시고, 나아가 깨달음을 얻게 하는 이익도 있다.

불교학자 민희식 박사에 의하면, 이 경의 유래는 현장삼장이 번역한『법주기法住記』를 기초로 하였다.『법주기』의 내용은 처음『법주기』를 쓴 난제밀다라 아라한에게 부처님 입멸 후 불교의 존속 여부에 대해 회중이 질문하는 가운데 16아라한의 이름과 거주지, 그리고 거느린 권속의 규모를 밝혔던 사실을 근거로 한다. 더불어 상기 기술한 부처님 열반 후 16아라한과 그 권속들에게 정법수호의 부촉과 호지, 미륵불의 정토 건설을 위해 천인의 공양을 응하며, 중생의 복전이 되기를 서원하신 분들을 내용으로 한다. 이분들은 삼명육통三明六通과 해탈의 무량한 공덕을 이미 다 갖추었고, 경·율·론 삼장은 물론 외도의 경전에도 능통하다. 우리나라에서는 신라 말 선종의 홍성기를 맞이하여 말세신앙과 더불어 나한에 대한 신앙이 깊어지기 시작했다. 지금도 산신각에 가면 나반존자라 하여 긴 눈썹의 외모를 지니신 이분은 예찬문에 나오는 빈도라발라타사 존자(빈두로 존자)임이 유력하다.

필자도 처음에 아무것도 모르고 불교를 접했던 대학 시절, 스승께서는 저녁 무렵이면 항상 깨끗한 샘물에서 물을 길어 나한전羅漢展에 옥수玉水를 올리게 하셨다. 이 작은 행위의 인연이 훗날 큰 과보로 작용하여 깨달음으로 가는 길에 초석이 되었으니, 씨앗 속에 한 그루 거대한 나무가 심어져 있었던 것이다. 그러니 지금은 만나는 모든 이들이 나의 선지식 아닌 분이 없으니 그저 감사할 따름이다.

한편 전하는 바에 의하면, 천승재千僧齋를 올릴 때 빈두로 존자(빈도라발라타사 존자)가 그때마다 반드시 오신다고 한다. 신통으로 모습을 변화해서, 즉 스님이나 거지로 변할 수 있어서 그를 알아볼 수 있는 사람은 없다. 그래서 그분이나 다른 아라한과 인연을 맺고 싶다면 많은 스님들을 모시고 간식이나 차 대접을 통해 공양을 올리라고 한다. 특히 깨닫지 못했다면 먼저 그분들과 인연을 맺으라는 것이다. 그분들 속에 계실 수도 있기 때문이다. 그러나 길에서 우연히 마주치는 모든 이에게도 친절해라. 그분들 속에도 반드시 계신다. 지하철이나 등산로, 대학로에서, 심지어는 술집에서조차 스님이나 동자승 또는 거지, 때론 할아버지의 모습으로도 다가오신다.

17. 理事冥然 無分別 이사명연 무분별

'이理와 사事가 그윽이 조화하여 따로 분별할 것 없으니'

이理는 본질, 진리, 이론, 진여眞如, 진眞, 원리, 체體, 진제眞諦 등을 의미하고, 사事는 현상, 경계, 행동, 세속, 사건, 용用, 속제俗諦 등을 의미한다. 먼저 전체적인 문구의 의미를 살펴보면, 이사理事가 각각 명백明白하나 서로 조화로워 분별이 없는 자리에서는 이미 보리와 대열반을 만족했다라고 볼 수 있다. 또한 '명연冥然'의 '그 윽하여 자연스레 조화로운' 경지는 시간과 공간을 훌쩍 뛰어넘어 말로는 표현할 수 없는, 생각이 뚝 끊어져버린 자리다. 그렇기에 분별하지 않고 '있는 그대로' 펼쳐지는 세상이다.

이理는 이로써만 존재할 수 없고, 사事는 사로써만 존재할 수 없다. 이에 대해 『화엄현담華嚴懸談』의 저자 징관澄觀 스님께서는 반달(半月)로써 다음과 같은 적절한 비유를 하셨다. 보름달이 이지러져 반달이 되면 밝은 부분(事)만을 볼 수 있으나, '보이지 않는, 숨겨진 부분(理)'이 없다고 할 수는 없다. 따라서 달의 밝은 부분(事)이 드러남은 동시에 '어두운 부분(理)' 또한 은밀히 드러냄과 같다 하였다. 이와 같이 사건(事)이 드러남으로 원리(理)는 감춰지고, 원리(理)가 드러남에 사건(事)은 숨겨진다. 이 둘을 나눌 수 없기에 동시에 세워지며, 서로 같지 않기에 '감춰진 것'도 성립되지 않는다. 그러므로 감춰진 것이 나타난 것이고, 나타난 것이 숨겨진 것이니 따라서 나타남과 숨겨짐은 동일하고, 또 이理와 사事 서로가 같지 않은 까닭에 (앞의 논리) 둘 다 무효가 되며, 나타난 것과 숨겨진 것도 가능하지 않다. 따라서 앞의 주장은 동시에 일어나며, 또한 모든 주장이 무효가 된다고 하였다.

그렇다면 이理와 사事를 조화롭게 하여야 하는데, 이는 『원각경』「미륵보살장」에 의거하면 이장理障과 사장事障을 없애야 한다. 이장은 바른 지견(知見: 팔정도에서 정견正見)을 장애하는 것으로서 아직 지혜의 눈을 얻지 못하여 법성法性을 제대로 이해하지 못한 것이다. 간단히 말해서 사상思想의 장애이다. 사장은 모든 생사를 상속相續한다. 즉 공부의 장애를 말한다. 근본 사장은 탐욕, 성냄, 어리석음, 교만, 의심 다섯 가지이다. 사장을 제거하는 구체적 방법은 성애性愛를 끊고 넓은 의미의 탐욕도 제거해야만

한다. 소위 신체의 기경팔맥奇經八脈이 통해야 한다. 이렇게 해야 비로소 참선 중에 신체의 즐거움이 일어나고 정定을 얻는다.

반면 부조화不調和의 세계란 이렇게 정견正見이 서지 않은 상태로서 중생견衆生見으로 생활하는 삶이며, '무분별'無分別이 아닌 분별로써 번뇌 망상 속에 사는 삶을 말한다. 따라서 성문, 연각의 단계를 넘어 보살의 단계로 들어가서 이장과 사장을 제거해야 비로소 조화로움을 찾는다. 선종의 앙산 스님께서는 부처가 머무는 곳이 어디냐는 학인의 질문에, 이理와 사事가 둘이 아닌 방법을 이르시며 이렇게 설하셨다. "생각이 없는 생각으로써 도리어 신령스럽게 타오르는 무궁함을 생각하니, 생각이 다하여 근원으로 돌아오면 성性의 모습이 항상 머물러 일(事)과 이치(理)가 하나가 되어 진정한 부처와 같다"고 하셨다. 유가에서는 마음(心)을 성性과 정情의 두 요소로 이루어졌다고 본다. 성은 깨끗한 마음이나 정은 더러운 마음이다. 불가로 따지면 성은 불심이나 정은 중생심이다. 따라서 앙산 스님이 말씀하신 성은 불성을 의미한다.

『원각경』에 의하면 분별의 근원은 탐욕으로부터 나오며, 탐욕의 근원은 갈애渴愛이다. 갈애는 윤회의 근본이니 이를 벗어나려면 먼저 탐욕을 끊고 갈애를 없애야 한다고 하셨다. 그러나 애욕자체를 버리고 끊는 것을 즐길지라도 도리어 애욕의 근본을 도와 문득 애욕을 이제 다 끊었다고 생각을 내는 순간 결국 윤회의 길로 들어서게 된다. 이 말씀은 깨달아도 깨달았다는 생각이 없어야 한다는 무위無爲의 말씀이다. 깨달았다고 생각하는 마음을 일으키는 것을 증상만增上慢이라 하고, 이런 심적 상태는 사실 깨달음의 경지에 다다르지도 못했으면서 마치 득도한 것처럼 깨달은 체하는 교만한 마음인 것이다. 그러니 『반야심경』의 가르침처럼 오온五蘊이 공하다는 것을 깨닫고, 따라서 그렇게 일어나는 애욕 또한 공하다는 것을 깨우친다면 고해를 빠져 나오리라.

이를 두고 선가에서는 본래무일물本來無一物을 강조하며, 나아가 '한 물건도 없다'라고 하지만 그 없다는 생각마저도 없어야 비로소 증득했음을 인정한다. 중언衆言하자면 이렇다. 달마서래의 達磨西來意라, '달마가 서쪽에서 온 까닭이 무엇입니까?' 하고 학인이 물었다. 선사가 대답하기를 '방하착放下着하라'고 했다. 다시 학인이 말하길 '한 물건도 가지고 온 것이 없다는데 어째서 또 내려놓으라고 하십니까?'하고 따졌다. 선사가 답하길 '한 물건도 없다고 생각한 그 생각마저도 마저 내려놓아라!' 하고 일갈一喝했다. 한 물건도 없다는 그 생각마저도 없애야 비로소 인가認可해 주겠다는 말이다.

그렇다면 어떻게 해야 '이理와 사事가 조화로운 무분별'의 세계로서 이사가 혼연일체된 진성眞性의 법계를 그대로 펼칠 수 있을까? 이理의 세계가 실상인 진제라면 사事의 세계는 허상인 속제가 된다. 그러나 허상은 실상을 떠나서 나타나는 것이 아니다. 「법성게」 첫 구절에 나왔던 '법성원융法性圓融 무이상無二相'처럼 법法과 성性은 사事와 이理로 짝을 이루며, 법과 성이 하나로 합쳐 법성이 되면 본원本源이 되듯이, 이와 사가 서로 다른 것 같지만 '서로 걸림이 없이'(이사무애理事无涯) 혼연일체가 되어 진성인 법성으로서 조화롭다.

다시 말해서 이는 깨달음을 얻은 후 입전수수入廛垂手하는 마음가짐(理)을 가지고, 보살의 대비大悲의 원願으로써 생사(生死: 사事, 속세)에 들어가야 한다. 이런 상태가 바로 진眞과 속俗이 둘이 아닌, 원융자재圓融自在한 세상에서 한바탕 쇼show를 벌이는 것이다.『금강경오가해金剛經五家解』에서는 이를 가리켜 이류중행異類中行이라, 이류 속에서 행한다는 것은 깨달음에 눌러앉지 않고 중생 속으로 들어가 같이 행한다는 것이다. 다른 말로 동사섭同事攝한다는 말이다. 아울러 여여如如함이란 이류 속에서 행하면서 이류의 일을 취하는 것을 말한다. 이류중행에 관련된 천의의회天衣義懷 선사(992~1064)의 아름다운 게송이 있어 잠시 소개하고자 한다. 만일 이와 같은 경지에 이른다면 비로소 다른 류 가운데서의 수행, 이류중행을 깨칠 수가 있다.

안과장공雁過長空　영침한수影沈寒水

안무유적지의雁無遺蹤之意　수무류영지심水無留影之心

기러기 기나긴 허공 지날 때

그 그림자 찬물 속에 드리워진다 해도

기러기 물 위에 그림자 남길 뜻 없으니

호수도 그 그림자 담을 마음 없다네.

마지막으로 서원誓願을 세우는 것은 보살에게 참으로 중요하다. 보현보살의 10대 서원을 살펴 나의 서원으로 삼아보자.

＊부처님께 예경하겠습니다.

＊모든 부처님을 찬양하겠습니다.

＊널리 공양하겠습니다.

＊모든 업장을 참회하겠습니다.

＊남이 짓는 공양을 기뻐하겠습니다.

＊설법하여 주시기를 청하겠습니다.

＊모든 부처님께서 이 세상에 오래 계시기를 청하겠습니다.

＊항상 부처님을 따라 배우겠습니다.

＊항상 중생을 수순하겠습니다.

＊지은 바 모든 공덕을 널리 중생에게 회향하겠습니다.

18. 十佛普賢 大人境 십불보현 대인경

'열 분 부처님과 보현보살, 대인의 경계로세.'

열 분 부처님(十佛)의 이름은 정각불正覺佛, 원불願佛, 업보불業報佛, 주지불住持佛, 화불化佛, 법계불法界佛, 심불心佛, 삼매불三昧佛, 성불性佛, 여의불如意佛이며, 이는 보살이 수행을 완성하여 성취할 때 각각의 경지에 따라 그 이름을 달리한다.

보살이 수행을 통해 십불十佛을 만나고자 한다면 능히 그 마음을 무주無住와 불래불거不來不去하게 해야 한다. 즉 머물지 않고, 오지도 가지도 않게 하라. 그러면 그 마음에 각각의 부처님께서 나타나신다. 그런데 여기서 십불은 우주 만법상관萬法相關의 이치를 여실히 이해하였을 때 나타나는 부처님으로서, 보살이 제8부동지不動地에서 무공용지無功用地를 얻어 지혜로써 부처님의 경계에 들어갈 수 있기에 십불을 보게 된다.

『화엄경』에 이르길

또 그는 원하자마자 한순간에 백천만억의 셀 수도 없는 삼매를 얻어(무공용지를 나타내는 문구임) 거기로 들어가고, 백천만억의 셀 수도 없는 부처님 나라에 들어가고, 백천만억의 셀 수도 없는 중생을 제도할 수 있습니다. 불자여! 이것이 보살의 제8지인 부동지不動地입니다.

라고 했다. 불보살의 명호는 불보살이라서 대인大人의 경계境界가 펼쳐지는 것이 아니라, 대인의 경계를 펼치기 때문에 그러한 명호가 따라 붙은 것이다. 명호는 단지 명호일 뿐임을 망각해서는 안 된다. 이름을 따라가는 것은 본래면목本來面目이 아니다. 사람이 얼마나 어리석기에 이름을 좇아 헤매는가. 돈을 실컷 벌고 나면 유명해지고 싶어서 안달이 난다. 명예나 평판을 소중히 여기는 것은 허망한 이름에 끌려 다니며 사는 속인들이나 하는 짓이다. 속인이란 문자 그대로 계곡에 빠져 사는 사람이다. 무슨 계곡일까? 자신의 주변이 온통 고정관념과 같은 산에 둘러싸여 있어서 자신의 깊고 깊은 주관적 견해의 골짜기에 빠져 사는 사람을 말한다. 하여튼 남의 눈을 의식하는 것은 자신이 주인공으로 살아가는 모습이 아니다. 누군가가 자신을 자연스럽게 불러주는 것이 이름일 뿐이다. 김춘수의 「꽃」이라는 시가 대표적으로 그것을 말한다. 너를 꽃이라 불러주었을 때 비로소 꽃이 되지 않았는가!

여기서 대인大人이란 대인군자大人君子를 줄인 말로서 큰 사람의 도량度量이며, 바다와 같이 넓고 큰 자애로운 마음을 쓰는 사람이다. 유교에서는 이상적 인간상으로서 군자를 내세웠다. 군자는 언행言行이 일치되고 점잖으며 덕이 높은 사람을 일컫는다. 도가에서는 군자를 진인眞人이라 표현하고, 불가에서는 보살이라 한다. 보살은 보리살타菩提薩埵의 준말로써 각유정覺有情을 뜻한다. 여기서 각은 추구할 대상이고 유정은 중생으로서 제도할 대상이다. 다시 말해 보살은 깨달았지만 정식情識이 남아 있는 자를 말하며, 깨달음을 구하는 유정, 또는 도심道心을 가진 중생을 의미한다.

한편 송나라 항주 영명사永明寺의 연수延壽 선사가 편집한『종경록宗鏡錄』에 따르면 보살을 다음과 같이 정의하였다.

보살은 여래지인 보리열반을 체득하려 할 때 이승인二乘人인 성문聲聞과 독각獨覺을 버리고 일체에 의지함이 없는 무여의열반無餘依涅槃에 들고, 그 열반적정을 의지할 때 무구식無垢識(말라식)의 자체마저 버리면서 그것을 버린다는 시간적 분별심이 없이 유정들에게 이익 되고 즐겁게 하기를 다함이 없이 하기 때문에 그를 보살이라 이름한다.

참고로 무여의열반이란 번뇌를 소멸함과 동시에 육체마저도 소멸된 열반을 가리킨다. 추정하건대 여기서 무여의열반을 얻었을 때 보살이라 함은 앞서 거론했던 의성신意成身, 다시 말해서 보신報身을 가리킨다.

푸른 하늘을 이불로 덮고 높은 산을 베개 삼아 온 우주를 한마음으로 품는 자비의 마음이 대인의 큰마음 씀씀이이다. 홀로 자신만이 몸을 싣고 떠나가는 배의 노를 젓는 것이 아니라, 자신을 텅 비워 큰 배로 만들어서 인연 되는 모든 중생을 그 배에 싣고 불국토의 세계로 함께 가는 것이 바람직한 이상적 대인의 경지이며, 자리이타自利利他하는 보살의 길이다. 그래서 불교적 대인大人은 바로 무아無我인 것이요, 이 무아가 세상에서 제일 '큰사람'이라 하겠다.

부처가 가슴이라면 보살은 손과 발이다. 수행의 완성도는 보살의 행행行에 따라 측정된다. 보시布施, 지계持戒, 인욕忍辱, 정진精進, 선정禪定, 혜慧, 방편方便, 원願, 역力, 지智로 구성된 십바라밀十波羅蜜이 얼마나 자연스럽게 무의식적으로 펼쳐지는지 스스로 관찰

하여 수행의 완성도를 높여야 한다. 그렇기에 지혜의 문수보살이 아니라 행행行을 상징하는 분이 보현보살普賢菩薩이기에 부처님과 나란히 어깨를 맞대고 대인이라는 칭송을 받는 것이다.

대승 경전인『화엄경』에서「입법계품入法界品」은 선재동자가 문수보살을 만나 가르침을 받아 근본지根本智를 얻고, 다시 차별지(差別智: 후득지後得智. 즉 근본지에 의해 진리를 깨달은 뒤 개별 사안에 관한 구체적인 지혜)를 얻기 위해서 53명의 선지식善知識을 찾아 구도求道 여행을 하는 내용으로 이루어져 있다. 선재동자가 53선지식을 친견 후 맨 마지막으로 만난 분이 바로 보현보살이다. 선재동자가 선지식들을 차례대로 만나는 순서에 어떤 의미를 둔다면 보현행普賢行이 구도의 완성을 의미하며, 이로써 선재동자는 깨달음을 얻고 부처님의 세계로 들어간다.

불교의 해박한 이론이나 이치만을 따져서는 별 소득이 없다. 주위에 딱한 처지에 있는 사람들을 외면하고 자신의 배만을 불리는 자가 팔만대장경을 앞뒤로 다 외우고, 수행의 각 경지에 대하여 자세히 안다고 할지라도 생활 속에서 실천하지 않는다면 무슨 소용이 있겠는가! 물론 옛말에 "그 사람 때문에 그의 말까지 버리지는 말고, 그의 말 때문에 그 사람까지 버리지는 말라"고 했지만, 오히려 이런 사람들은 공부에 발심을 하려는 사람들조차 불문佛門에서 내쫓아 버리니 마구니와 무엇이 다르겠는가!

생전生前에 법정 스님의 육성법문을 우연한 기회로 접할 수 있었는데, 스님께서는 불교공부가 우선이 아니라 사람이 되는 공부가 먼저 되어야 한다고 강조하셨다. 필자가 존경하는 남회근 선생께서도 말씀하시길 "부처가 되거나 신선이 되려고 생각하지 마라. 사람이 건강하고 유쾌하게 살다가 죽을 때, 남에게 폐를 끼치거나 남을 힘들게 하지 않고 깨끗하게 가는 것이 훌륭한 사람이다"라고 하셨다. 나는 죽을 때 어떤 모습으로 죽을까? 옛날 통일신라 시대 때 『왕오천축국전』을 쓰신 혜초 스님이 한승漢僧의 죽음을 보고 쓴 시를 잠시 음미해 보자.

고향집 등불은 주인을 잃고
객지에서 보수寶樹가 꺾이었구나.
영혼은 어디로 떠나갔는가.
옥 같은 모습 이미 재가 되었다.
생각길 멀수록 애처로움 더하고
그대 소원 못 다 이룬 슬픔이 인다.
누가 고향으로 가는 길 알 것인가.
부질없이 흰구름만 가는구나.

나의 도반은 가끔 천화遷化를 거론한다. 천화란 임종을 앞둔

고승이 홀로 깊은 산속을 향하여 걸어 들어가서 생을 마치는 것을 말한다. 더 이상 들어갈 수 없을 정도까지 걸어 들어가서 힘이 다해 쓰러지면, 마지막에는 스스로 낙엽을 바닥에 깔고 다음에는 자신을 덮어 생을 마치는 형태라고 한다. 깊은 산속에서 홀로 생을 마감하는 이런 죽음은 아무도 알 수가 없어서 그 흔적을 찾을 수조차 없다고 한다. 육신은 자연스레 주변 벌레나 동물의 먹이가 되고, 썩고 부패하여 결국에는 흙으로 돌아가는 형태이다. 나는 도반에게 말했다. 도대체 요새 같은 시대에 무슨 천화냐. 아들은 시체도 찾지 못해 불효를 저지르고, 게다가 힘들게 이 산 저 산을 오르내리면서 헤매게 하지 말고, 죽으려면 남 생고생시키지 말고 그냥 잘 죽으라고 말하면서 둘이서 박장대소했던 적이 있다.

입은 재앙을 불러오는 문門이다. 『천수경』을 독송하다 보면 참회의 열 가지 죄상罪狀 중 입으로 짓는 죄상(망어妄語, 기어綺語, 양설兩說, 악구惡口)이 제일 많은 까닭이 오죽하면 여기 있을까! 수행은 입으로 하는 것이 아니라 온몸과 마음으로 하는 것이다. 문자 그대로 행위를 닦음이니, 일일일선一日一善이 무위無爲, 무심無心, 무주상無住相으로 이루어지면 이것이 곧 수행이며 선이다. 이렇게 선근을 심는 것도 행으로부터 시작한다.

그래서 견성見性 이후에도 보림保任을 통해서 푸른 '꼭지'를 마저 따버려야 모든 바라밀이 자연스럽게 실천된다. 다시 말해서 보림이란 견도見道 후 어린아이가 어른으로 성장해 가는 과정을 잘 보호하고 유지하는 것이다. 뜸을 오래 들여야 밥맛이 좋듯이, 10년 동안 가사에 스님 물을 들였다면, 다음 10년은 옷에 들인 물을 다시 빼버려야 제대로 된 보림이라고 할 수가 있다.

여기서 '꼭지'를 딴다 함은 애증과 호불호好不好를 떠나는 마음을 공부하는 것인데, 처음에는 이런 세상이 싫어서 부처를 배우고 이루겠다고 했지만 이 배움에 집착하면 이것도 바른 공부가 아님을 이야기하는 것이다. 부처님께서는 강물을 건널 수 있는 뗏목을 타고 강을 건너와서도 뗏목이 고맙다고 이를 들쳐 업고 이 산 저 산으로 돌아다니는 어리석은 사람이 되지 말라고 가르치시면서, 뗏목의 비유를 들어 "법法마저도 버려야 하거늘 하물며 비법非法이랴!" 하고 설하셨다. 아무리 높은 가르침일지라도 배우고 나면 사실 버릴 것도 없지만 집착하지 말라는 의미로서, 또 버려서 청정하게 본래 자리로 돌아가야 한다. 그런 자세가 '나의 법이 제일이야, 내 종교가 제일이야, 나의 생각이 다 옳아' 하고 말하는 그릇된 집착으로부터 자유롭게 해준다.

지루박, 탱고, 삼바 등등 별별 춤이란 춤은 다 배워서 오로지 평생을 춤꾼으로 산 사람이 있다. 그런 사람의 일생을 소개하며 '춤에도 도가 있지 않냐'고 어떤 사람이 묻자, 상대한 사람이 답하길 그건 도가 아니란다. 도는 오로지 불법만이 유일한 도라고 강하게 우긴다. 법에 집착하여 모든 일을 불법이라는 테두리에 가두어 어거지로 해석하고 우격다짐으로 상대를 설득시키려고 한다. 이것은 법을 바르게 펴는 것이 아니다. 어찌 춤에 도가 없겠는가! 속가의 도를 모른다면 아직 불법을 제대로 파악하고 있는 게 아니다.

『원각경』에서는 법에 집착하는 사람에 대하여 이렇게 표현했다. "어떤 사람이 법계의 청정함을 얻어서 그 청정하다는 견해가 자기의 장애가 되어 원각(진리)에 자재하지 못하니, 이를 범부가 원각의 성품에 수순하는 것이라 하였다. 계·정·혜, 음녀·노怒·치癡가 다 함께 범행이며 지혜와 어리석음이 통틀어 반야가 되니 이를 여래가 원각에 수순한다." 이렇듯 불법에 사로잡히면 결단코 법륜을 제대로 굴릴 수가 없다.

이런 마음가짐은 절에 오래 다녀서 불법에 오히려 정情이 들어버린 것과 같다. 대다수의 종교인들이 자신의 종교에 제 얼굴을 파묻었고 있다. 마치 꿩이 매를 피하기 위해 숲의 덤불 속에 머리를 처박고 얼굴을 가리는 것과 같은 행위이다. 중생의 모습이 이와 같다. 여기서 정情이란 파자하면 마음(心)과 푸르름(靑)이 합쳐진 글자다. 푸르름이란 색안경이다. 마음에 색안경을 꼈다면 이는 만사를 투명하게 똑바로 보는 것이 아니라 선입견, 즉 주관적인 마음인 고정된 관념으로 세상을 보는 것이다. 집착은 맹신盲信을 낳는다. 남회근 선생도 말씀하시길 "불법의 교리를 알지 못하고 정서적으로 뛰어들어 불법을 배우고 참선을 한다면 전체가 미신이다. 지견知見을 뚜렷이 해야 한다. 이것이 바른 믿음"이라고 강조하셨다. 모든 종교가 다 이와 같다.

초기 경전의 기록에 석가모니 부처님께서도 하나의 관점에 집착해서 다른 것들을 열등하다고 멸시하는 것, 현명한 사람은 이것을 '족쇄'라고 부른다고 가르치셨다. 박건주의 『능가경 역주』 '해제'에는 또 이렇게 기록되어 있다. "대승경론의 심의는 그 뜻을 요지하게 되면 지해知解에 걸림도 자연히 사라지게 되어 있다. 그 법 자체의 뜻이 그 법에도 걸리지 않게 되어 있는 것이 불법이다. 단지 그 법을 요지了知함이 아직 미숙할 때는 그 법상에 걸린다."

인도 막다국 마우리아 왕조 제3대 왕인 아쇼카 왕도 "누구나 자신의 종교만을 숭앙하고 다른 종교를 저주해서는 안 된다. 여러 가지 이유로 다른 종교도 존중해야 한다. 자신의 종교를 전파하면서 다른 종교도 봉사해야 한다. 그렇지 않으면 누구나 자신의 종교에 무덤을 파는 것이며 다른 종교에 해를 끼치는 것이다. 자신의 종교만을 숭앙하고 다른 종교를 저주하는 자도 누구나

'나는 내 종교를 찬양하는 것이다'라고 생각하면서 자신의 종교에 헌신할 것이다. 그러나 그렇게 하면 그 자신의 종교를 더욱 해치게 된다. 그러므로 화해하는 것이 좋다. 경청하라. 다른 종교의 가르침이나 교의에도 귀를 기울이라"라고 말했다.

『빨리어 경전』에서는 이렇게 설한다. "무상無常함을 알기에 집착하지 않는다. 집착하지 않으면 욕망을 벗어나고, 욕망을 벗어나면 해탈을 얻는다." 이렇게 걸림이 없어야 무애한 삶으로, 공포가 없어지고 무서움이 없으니, 이치에 밝아서 이 몸뚱이가 진짜 '나'인 줄 착각하여 전도몽상顚倒夢想하지 않아 궁극에는 구경각究竟覺을 이루는 것이다.

마하반야바라밀摩訶般若波羅蜜!

19. 能仁海印 三昧中 능인해인 삼매중

'부처님의 해인삼매 그 가운데'

불교에서는 우주 생명의 궁극, 즉 진리에 대한 표현을 아주 다양하게 표현했다. 보조 스님의 『진심직설』에 따르면 이렇다. "허망하지 않으므로 참(眞)이라 하고, 신령하게 밝은 것이 마음(心)이니 이를 『능엄경』에서 밝혔다." 『보살계』에서는 마음바탕(심지心地)라고 했고, 『반야경』에서는 보리 또는 열반, 『화엄경』에서는 법계, 『금강경』에서는 여래, 『금광명경』에서는 여여, 『정명경』에는 법신, 『기신론』에서는 진여, 『열반경』에서는 불성, 『원각경』에는 총지, 『승만경』에는 여래장, 『요의경』에서는 원각이라고 하였다. 이 외에도 몇 가지를 인용해서 간략히 추려보면 이렇다. 진제眞諦, 일심一心, 유심唯心, 대원경지大圓鏡智, 중도中道, 본래면목本來

面目, 진아眞我 등이다. 이후 조사들의 가르침으로써 불리는 명칭
은 이렇다. 자기, 정안, 묘심, 주인공, 무저발無底鉢, 몰현금沒鉉琴,
무진등無盡燈, 무근수無根樹, 취모검吹毛劍, 무위국無爲國, 모니주牟
尼珠, 무수쇄無鏁鎖, 진흙소(니우泥牛), 나무말(목마), 나무닭(목계),
심원, 심인, 심경, 심월, 심주 등등.

한편 부처님을 별칭하는 다른 이름이 열 가지 있는데 이를 여
래십호如來十號라고 하며, 이는 다음과 같다. 여래如來, 응공應供,
정변지正遍知, 명행족明行足, 선서善逝, 세간해世間解, 무상사無上士,
조어장부調御丈夫, 천인사天人師, 불세존佛世尊.

이번 장에서 나온 능인能仁이란 석가모니 부처님을 의미한다.
여래如來란 오고 감이 없이 항상 여기에 있다는 말이다. 오직 석
가모니 부처님 당신 스스로 칭할 수 있는 이름이 여래다. 이는 마
치 왕이 자신을 지칭할 때 '짐'이라고 하는 것과 같다. 그래서 십
호十號 중에 여래가 빠지고 불佛과 세존世尊으로 나누어 추가되
는 경우도 있다. 응정등각應正等覺은 수행자가 부처를 만날 인연
이 있으면 대철대오大徹大悟하여 정등정각正等正覺을 이룬다는 뜻
이다. 명행족明行足은 명행明行이 원만하여 일체 법을 모두 다 아
는 경지이며, 선서善逝는 문자 그대로 풀이하면 '잘 가다'라는 의
미에서 '피안으로 잘 가셨다'는 말로, 여래와는 뜻이 반대이다.
세간해世間解는 세간을 해탈했다는 의미이고 삼세의 모든 일들을

다 안다는 말이다. 무상사無上士는 위없이 높은 깨달음으로 최고의 대사大師를 일컬으며, 조어장부調御丈夫는 자타自他 모두를 잘 길들여 조복 받는 분이란 뜻이다. 천인사天人師는 욕계, 색계, 무색계인 삼계의 스승이며, 불佛은 스스로 대철대오하고 타인도 개오開悟시키는 분이다. 박가범薄伽梵은 온갖 덕을 성취하였다는 의미의 다른 이름이다.

이름은 삶의 궤적軌跡이다. 특히 수행자의 이름은 득도得道에 대한 과정을 내포하면서 결과를 예견한다. 그래서인지 몰라도 중생들은 이름에 대해 많이 집착한다. 성명姓名을 통해 소원을 성취하려는 강력한 욕심 때문이다. 성명을 파자하고 따지며 분별하여 결국 개명하기까지 한다. 이름을 부를 때 파동까지 신경 쓰면서 세심하게 다시 지은 이름은 과연 부귀와 영화를 보장할까? 이름이 사람을 만드는가, 사람이 이름을 얻는가? 도대체 부처님조차도 저 많은 이름들이 언제 불러졌을까? 하긴 우리의 옛 선조들도 아침에 부르는 이름, 점심 때 부르는 이름 등등 자字와 호號가 있었고, 게다가 한 사람이 수백 개의 호를 쓰기도 했다.

선후先後가 바뀌면 주객主客도 바뀐다. 그러나 주체가 중심을 잘 잡는다면 선과 후를 모두 포용하여 그 뜻대로 잘 살아간다. 문제는 불러주는 쪽인 객관의 문제가 아니라 듣는 쪽인 주관의 문제이다. 아무리 좋은 이름을 지어 주었다고 하더라도 그 뜻에 부합하여 살려고 노력하기 위해서, 최소한 그 이름을 들었을 때 항상 깨어 있는 마음이 있는가 하는 것이다. 이름은 성성자惺惺子다. 무슨 말이냐 하면, 조선의 남명南冥 조식曺植 선생께서는 몸에 항상 방울을 차고 다니셨다. 그 방울 이름이 성성자였다. 걸을 때마다 딸랑거리는 방울 소리를 들으며 스스로 경계하고 반성하여 정신을 일깨우기 위해서 항상 몸에 지니고 다녔다고 한다.

알겠는가? 절집 추녀 끝에 풍경을 매단 이유를! 그 풍경소리 들을 때마다 '이 풍경소리 듣는 놈은 무엇인고?' 하고 '이 뭣고' 화두를 다시 거머잡기 위함이다. 한시라도 화두를 놓치지 않기 위한 이근원통耳根圓通의 수행법이랴! 역시 이름도 마찬가지다. 이름이 왕똥개였던 왕씨가 왕부자라고 개명을 했다면 부자라고 이름 듣는 순간 '아, 부자가 되어야지!' 하고 다시 발심發心해야 깨어 있는 마음이다. 그래야 이름이 사람을 만들고 다시 사람이 이름을 따라가는 것이다.

최근 만난 수행자들을 보면 '~카더라, ~하더라'라는 식으로 수행담을 이야기하는 사람들이 있다. 어쩌면 '~카더라'의 앞잡이는 항상 '나'(에고Ego) 자신이었다. 일명 사이비似而非인 것이다. 사이비는 말 그대로 겉으로는 같아 보이지만 속을 들여다보면 겉과 다르다. 사이비나 외도外道는 정법正法과 완전히 틀리지만은 않다. 불가佛家에서 외도란 다른 종교, 교리, 이론 등이 다른 것을 의미하지 않고, 마음 밖에서 무엇인가를 구하는 것을 외도라고 한다. 또한 마음 밖을 향해 구해서 바로 얻어진 것은 사도邪道이다.

유식唯識으로 따지면, 제7식 말라식인 자아自我가 제8식에 의지해서 자신의 존재를 확신하며 '난 행복해, 난 불행해, 저거 좋아, 이거 싫어'를 외치는 것이 바로 사이비다. 왜냐하면 제7식 말라식은 사실 존재하지 않기 때문이다. 즉 무아無我이다. 그러나 내가 존재하려고 발버둥치는 것이 바로 자아이며 나라고 하는 존재를 실제 존재하는 나라고 착각하는 것이다. 이것이 바로 사이비다. 자아란 다시 말해서 불성의 사이비다. '나'를 한번 죽이고 다시 살아야 한다는 선가의 말씀, 예수가 '나'를 버리고 자신의 십자가를 지라는 말씀과 부활의 약속, 선가禪家의 백천간두에서 한 걸음 더 나아가라는 말씀! (이때 누가 죽을까?) 사이비에게 속지 말고 다시 정도正道를 걸으라는 말씀이다. '나'(가아假我)를 버리고 당신을 따르라는 말씀! 그래서 부처님의 팔정도에는 절대 사이비가 붙을 수가 없다. 나의 스승께서는 참선이 끝나고 말씀하셨다. "아무리 나를 찾으려고 해 봐도 도무지 찾을 수가 없다! 도대체 나를 나라고 할 수 있는 것이 아무것도 없다!"

완전히 틀린 것은 이단異端이라고 하는데, 이異는 신기하거나 괴이함을 추구하며 단端은 양극의 극단적 편향성을 말한다. 이단은 중도中道에서 완전히 궤도를 벗어난 열차이다. 그 중에는 역학이나 철학을 빙자하여 점占이라는 방편을 쓰는 경우가 있는데, 심리학적으로 점을 보는 행위는 불안감을 극복하고 자신이 희망하던 결과가 잘못될 경우, 자신에게 주어지는 책임을 회피하려는 의도가 숨어 있다. 그래서 잘 수행이 된 사이비나 외도를 보면 열 개 중에 아홉 개가 틀리고 하나만 맞추는 것이 아니라, 아홉 개는 맞고 한 개가 틀렸다는 것을 알 수 있다. 역시 최후에는 이성異性이나 돈 문제에서 항상 자유롭지 못하다.

몇 년 전 잠시 심리학과 최면을 공부한 적이 있었는데, 심리 용어 중에 투사投射라는 말이 가슴으로 와 닿았다. 이 말의 의미는 뜻을 떠나서 회개悔改를 유도하는 단초端初가 되어 주는 단어이기도 했다. 투사란 잠재의식 속으로 쫓겨난 자기 불만이 타인에게 흙탕물을 튕길 때마다 일어나는 것이다. 다시 말해서 자신의 나쁜 면을 스스로 질책하고 싶지 않아서 타인에게 똑같은 것을 찾아내고, 아울러 그것을 흠잡는 데서 즐거움을 찾는 것을 말한다. 한편 『붓다의 치명적 농담』을 쓴 한형조 교수는 자아의 투사로 물들어 오염된 주관적 세계(아상我相)가 펼쳐지지만 법계(객관적 세계)는 여여如如하게 존재한다고 피력했다.

여기 중국 선가의 이야기 중에서 투사에 대해 잘 표현된 한 대목이 있기에 소개한다. 오랜 세월 수행해서 어느 정도 일가一家를 이룬 선사께서 일부러 속가에 탁발을 나섰다. 그럴 듯한 집 대문 앞에 서서 목탁을 치며 탁발을 요청하는 경문을 읊었다. 그때 대문의 빗장이 날카로운 굉음과 함께 열리더니 시주를 청하는 스님에게 갑자기 웬 노파가 나와 폭언을 했다. "뭐, 중놈이 아침부터 재수 없게 뭘 달라는 거야!"라고 하며 다시 대문을 매몰차게 닫아버렸다. 이 말을 들은 선사는 "아! 아직 나에게 남은 것이 있구나!" 하며 미련 없이 돌아섰다.

언젠가 어느 비구니 스님을 동생과 같이 만난 적이 있었는데, 다른 종교를 믿는 동생이 부처님 상에 절하는 것은 우상숭배라는 선입견을 가지고 비구니 스님께 묻길 "왜 부처님 상에 절을 하나요?" 하니, 비구니 스님께서 답하시길 "자신에게 절하는 겁니다. 자신이 평소 성聖스럽다는 것을 몰라서 대신 부처님 상에 대고 절하게 시키는 거지요. 그러면 당신 자신이 성스럽다는 것을 새삼 느낄 겁니다"라고 하셨다. 이처럼 절을 하는 행위는 바다의 수면을 걷는 일이요, 자신의 성스러움을 깨닫는 일은 바다 밑바닥을 동시에 걸어가는 행위이다. 이 두 가지를 동시에 깨우친다는 것은 법성法性, 즉 비로자나 부처님 세계에 일체가 다 포섭되어 있다는 것을 확연히 깨닫는 것이며, 이것이 바로 해인삼매海印三昧이다.

해인海印에 대한 뜻을 살펴보면, 먼저 '해海'는 우주 법계에 모든 현상과 형상을 너른 바다 위에 '있는 그대로 비춘다'는 뜻을 지니고 있으며, '인印'은 코끼리의 걸음처럼 발자국이 선명하게 남듯이 일체 법은 비로자나 부처님의 화현化現이라는 뜻이다. 이렇게 넓디넓은 대 법성의 바다에서 자유롭게 노닐 때 일체 모든 행위는 그 자체가 삼매이다. 삼매란 마음이 경계와 하나가 된 심일경성心一境性이고, 산란한 마음을 멈춘 후의 '정'定이며, 사마디(samādhi), 삼마지三摩地, 사유수思惟修라고 달리 표현하기도 한다. 따라서 해인삼매는 일체 모든 삼매의 근본이며, 그 삼매들을 모두 다 포섭한다.

빨리어 경전에서는 사선정(四禪定, 삼매)에 대한 단계를 다음과 같이 설명하고 있다. 제1선정은 사유와 숙고가 있으며 홀로 명상함에서 오는 환희와 기쁨이 있다. 제2선정은 사유와 숙고를 멈추고 내적 평화와 마음이 집중되어 있다. 사유가 없는 삼매에서 오는 환희와 기쁨이 있다. 제3선정은 환희는 사라지고 평정한 마음과 분명한 알아차림으로 육신의 행복을 느끼며 머문다. 즉 평정과 마음 챙김에 머무는 사람은 행복하게 머문다. 제4선정은 고통과 쾌락도 버리고, 전에 있던 행복과 불행도 버리고 괴로움도 즐거움도 없고, 평정에 의해 도달한 마음 챙김의 순수함만이 존재한다고 되어 있다.

해인삼매가 일체 만유萬有를 그대로 비추어 주는 진여본각眞如本覺으로 표현되는 반면, 화엄삼매華嚴三昧는 보살이 만행을 통해 보리를 증득하여 바라밀을 펴는 삼매이다. 체體와 용用의 입장으로 견주어 보면 해인삼매가 체라면 화엄삼매는 용이며, 해인삼매를 진공眞空으로 보면 화엄삼매는 묘유妙有이다. 능소能所의 구분도 이와 같다. 보살의 일체 행위가 꽃으로 피어나 부처님의 세계를 아름답게 수놓는다. 자, 이제 우리는 이렇게 서원誓願해야 할 때이다.

"바라밀로 꽉 찬 인연의 그물로 일체 중생을 모두 다 건지오리다!"

20. 繁出如意 不思議 번출여의 부사의

'법성 따라 나오는 부사의한 지혜의 말씀이어라.'

드디어 부처님께서 해인삼매에 들어 법성의 바다에서 불가사의
한 법을 나투시는구나!

'번출繁出'이란 '뒤집어서 나온다'는 뜻이다. 왜 뒤집어서 나올
까? 중생은 그 견해가 전도顚倒되었기 때문이다. 중생견衆生見은
영원하지 않은 것을 영원하다고 하며, 허상을 실상이라 생각하
고, 모든 생각을 자기중심으로 색안경을 끼고 본다. 게다가 이 몸
을 진실된 자기라고 믿어 평생 아끼고 사랑함이 이루 말할 수 없
다. 이렇게 중생견으로 세상을 보면 일체가 뒤집힌 논리와 방식
으로 보인다.

그런 세상은 진리를 대접하지도 않고, 도道를 추구하는 사람을

138

모두 손가락질하고 천대한다. 그러나 작금에 종교는 비즈니스가 되어 도를 돈벌이의 수단으로 전락시켰고, 하늘의 이치를 조금 알았다고 대단한 도인 행세를 하며 왕사王師를 꿈꾸는 이들, 돈을 벌게 해준다며 심지어 대기업 회장에게까지 이것을 미끼로 혹세무민惑世誣民하는 이들이 판치는 세상이 되었다. 이런 자들이 판치는 이유는 중생들의 세상살이가 참으로 힘들다는 거다. 설상가상 몇몇 고위층은 고급 정보를 가지고 자신의 배를 불린다. 청렴결백이란 도덕 교과서에 나오는 빛바랜 옛이야기가 되었다. 좀 먹고산다는 사람들은 진즉 선진국의 여권을 확보해 놓고 이중국적을 취득하기 위해 원정 출산을 하는 짓거리를 마다하지 않는다. 쯧!

수행 중에 한 소식 했을 때는 필히 묵언黙言해야 한다. 고봉 스님께서도 숭산 스님에게 법을 인가하시며 당부하시길 3년간 묵언수행을 권하셨다. 신통神通이 열리면 더욱 자신을 경계해야 한다. 신통에 집착하면 나중에는 내가 신통을 부리는 것이 아니라 신통이 나를 부리고 있기 때문이다. 때가 되면 신통 경계도 과감히 버려야 한다. 『청정도론淸淨道論』에서 말했다.

선정을 키우기 전에 제거해야 할 열 가지가 있다. 그 중에서 신통에 대한 경계가 있는데, 신통에 대해서 '나는 왜 신통이 생기지 않을까' 하고 근심하거나 집착하는 마음을 없애라고 주문한다. (또 『청정도론』에서 언급하길), 수행 중에 '사마디'(위파사나에서는 찰라삼매: 定을 위한 순간적 고요한 마음의 집중)에 이르면 자연히 신통이 생긴다.

그래서 위파사나 수행자는 필히 신통을 끊어야 한다. 따라서 한 소식했을 때는 한 자락 깔고 앉아 오래도록 묵혀야 한다. 즉 이것이 소위 내공內工을 쌓는 일이다. 이것을 모르고 뭣 좀 안다고 쫑알쫑알 대며 입방정을 떨고 다니면 그 진기(眞氣: 도가용어, 요가는 영능, 밀종은 영력, 유식종은 업식의 기능, 현대는 본능. 남회근 선사 분류법)는 다 빠져나간다. 그래서 '입을 벽에 걸어두라'는 말이 생겨났다. 옛 말씀에도 오히려 총명이 사람을 그르친다 하였으니, 새겨들어야 할 일이다.

가끔 도반 중에는 절차탁마切磋琢磨를 핑계로 자신의 수행 경지는 드러내지 않고 오로지 일방통행으로 상대의 수행 경계만을 요구하는 이도 있다. 이는 지나치게 법에 집착하여 남의 공부를 훔치는 일이나 다름없다. 법에 지나치게 집착하여 생긴 이런 일은 예나 지금이나 같다. 오죽했으면 법에 대한 시샘이 극에 달해 목숨을 다 앗아가려고 했겠는가! 법을 공부함에 있어서 참으로 모순 중에 제일가는 모순이다. 그러니 진리를 앞세워 세기의 전쟁을 치른 아픈 역사를 인류는 가지고 있지 않는가! 선종에서는 그런 대표적인 예가 육조 혜능 스님이셨다. 새로 입문한 무식한 나무꾼이 법통法統을 이었으니 기존에 기득권을 가진 세력이 가만히 있을 리 만무萬無했다. 그러나 광의적으로 본다면 수행자는 모두가 다 도둑이다. 석가모니 부처님 법을 훔치려고 안간힘을 쓰는 도둑들이 아니고 무엇인가!

절차탁마란 톱으로 '자르고', 줄로 '갈고', 모양을 만들어 '쪼고', 빛이 나게 '문지르는 것'을 말하는데, 물리적으로는 옥돌을 가지고 가락지를 만드는 것을 학문에 비유한 것이다. 도반과의 탁마는 이렇게 서로서로 하는 것이다. 하긴 이것도 자신이 하는 것이지 남을 탓할 이유는 없다. 선우善友를 못 만난 것도 나의 덕德이 부족한 것이니 보시하여 덕을 쌓는 것이 운명을 바꾸는 일 아니겠는가. 덕德이란 좋은 행위가 가져오는 성과나 작용을 말한다. 그래서 빨간 것이 오면 빨간색이 되어주고, 검정색이 오면 검정색이 되어주면 그뿐이다. 이를 두고 동사섭同事攝이라 한다. 법을 달라면 법을 주고 밥을 달라면 밥을 주는 것이, 진실한 그대로의 모습이 바로 영웅英雄이요, 중생심으로부터 '뒤집혀서 나오는 것'(번출繁出)이 바로 영웅심인 것이다.

그래서 의상 조사님의 발원문 중에는 무생법인無生法忍을 발發

하게 해달라는 성구聖句가 있다. 모든 마음과 뜻과 식으로 분별하는 생각을 떠났으며, 집착 없음이 허공과 같고, 모든 법에 들어가 허공의 성품과 같은 것을 무생법인을 얻었다고 일반적으로 풀이한다. 그런데 남회근 선생의 해석은 먼저 무생無生이란 본래 아무 것도 생겨나지 않는 것이고, 법인法忍이란 일체 인연을 끊어버린 것을 말한다. 그래서 눈앞에서 일어나는 경계를 참아내는 것이 아니라 경계에 대해 마음이 일어나지 않는 것이 인忍이라는 것이다. 참으로 눈 밝은 이의 현묘玄妙한 풀이가 아닌가! 더 나아가 무생은 도가의 장생長生이요, 기독교의 영생永生이며, 노자의 『도덕경』에서 나오는 서생徐生으로 회통會通하여, 일체 종교와 철학적 사상을 한 궤軌에 뚫어버려 모든 성전의 벽을 허물어뜨렸으니 참으로 통쾌하기가 이루 말할 수 없다.

『종경록』에서는 무생법인에 대하여 이르길 "일심一心이 분별하는 망념이 있으면 바로 그것은 그물의 속박과도 같은 마군이고, 일심이 분별하는 망념으로 움직이지 않으면 그 즉시 분별하는 망념의 생멸인연으로 나옴이 없는 무생법인이다. 그물로 구속하듯 하는 마군은 생사의 길을 성립시키고, 망념의 인연 없는 무생법인은 열반으로 출입하는 문호를 이룬다"고 하였다. 아울러 박건주의 『능가경 역주』 '해제'에서 이르길 조사선을 언급하면서 무생법인이란 일체가 본래 생긴 바가 없다는 진리로서 무공용

無功用, 부관不觀, 부사不思, 무심無心, 심불기心不起, 불용심不用心의 행으로 무상無相을 성취하고 오직 마음뿐임을 요달了達해야 무생법인을 얻을 수 있다고 하면서, 이때 성취한 단계가 보살 제8지이며, 이를 부동지不動地라고 부르거나 또는 퇴보가 없게 되어 불퇴전지不退轉地라고도 한다.

위의 '여의'如意는 여의주如意珠요, 갖은 조화를 부리며 원하는 것을 다 얻을 수 있는 신비의 구슬이다. 이 구슬은 만상萬象을 담았는데 또한 신령하기가 하늘을 닮았다. 법성은 체體가 되나, 법성이 용用으로써 기능하면 그때에 다른 이름이 여의이다. 이때에 여의는 주인공이요, 주장자이다. 법성의 본바탕에서 일어나는 한 생각은 번뇌 즉 보리라, 양쪽이 생각生角이라는 표현으로써 단어만 틀리지 신령스럽기가 그지없다. 양쪽이 모두 흰색이면 양백兩白이라, 어찌하여 여기에 시비是非가 붙겠는가!

문자적으로 여의如意는 '생각한 바가 (현실과) 같다'라는 의미이기도 하다. 무엇과 같다는 말인가? 진성眞性인 법성法性과 같다는 말이다. 그 바탕에서 올라오는 생각으로 말하고 행동하면 다 이루어진다. 그럼 이루어진다는 것은 무엇인가? 성誠이다. 말하면(言) 다 이루어진다(成)는 합성어인 것이다. 이미 이루어진 것처럼 행동하기에 자연히 감사한 마음으로 생활한다. 반대로 감사한 마음으로 생활하면 다 이루어진다. 때론 좋은 습관이 배인 몸이 마음을 가르치기도 하기 때문이다.

위의 '부사의不思議'는 중생의 견해로서는 전혀 예측조차 할 수 없는 경계이다. 그렇다면 무엇이 부사의한 것인가?『화엄경』「불부사의법품佛不思議法品」에서는 이렇게 설명했다. "모든 부처님의 국토와 모든 부처님의 깨끗한 서원과 모든 부처님의 종성과 모든 부처님이 세상에 나오심은 불가사의하며, 또 모든 부처님의 법신과 음성과 지혜와 신력과 자재함은 불가사의하며, 또 모든 부처님의 걸림 없는 머무름과 해탈은 불가사의하다." 또한 일체 중생의 심행心行을 알며 일체 중생의 심행에 물들지 않는다고 하였으니, 더러운 진흙 밭에 연꽃이 피어나고 푸른 연잎은 그 어떤 물방울에도 젖지 않아서, 물방울이 '또르르' 하고 굴러가니, 이 또한 어떤 모습인가!

한 세상에는 딱 한 분의 부처님이 나오신다. 자신의 인생을 뒤돌아보면 정말 오로지 딱 한 분의 부처님 외에는 안 계신다. 불佛, 부처란 파자破字하면 인人과 불弗이다. 즉 사람이 아니다. 그럼 뭘까? 사람의 경지, 즉 중생의 경지를 넘어선 초인超人을 의미한다. 마음 밖에는 석불石佛이 있지만 마음 안에는 살아 있는 부처님이 계신다. 부처님은 불생불멸이요, 불구부정이시며 부증불감하시기 때문이다. 그래서 깨달으면 부처님을 뵐 수 있다.

달마 스님께서 설하시길 직지인심直指人心 견성성불見性成佛이라, 곧 마음이 부처라고 하셨다. 이렇게 되는 이유는 본자구족本自具足하기 때문이며, 자성自性이 또한 법성法性이 본래 스스로 다 갖추고 있기 때문이다. 그러니 어찌 부사의不思議하지 않으리오!

21. 雨寶益生 滿虛空 우보익생 만허공

'비처럼 보배로운 생명의 말씀, 우주 허공 법계에 가득하네.'

욕계, 색계, 무색계 삼계의 시간과 공간을 초월한 것이 법계이다. 이 우주 법계에서 비는 땅에서 솟아오른 하늘의 기운이다. 허공이기에 비를 뿌릴 수 있고, 그런 허공을 빗줄기로 가득 채울 수 있다. 마음의 본바탕이 본래 청정하기에 대상이 보이는 것처럼 말이다. 비는 대지의 생명을 소생시키며 갈증을 풀어주는 해결사이다. 이처럼 타는 목마름으로 갈급한 중생의 마음에 아주 귀하고 소중한 보배 비를 뿌려주는 것이 바로 경이다.

경經이란 '항상(常)', '본받을 만한 것(法)'으로서 '지름길(道)'을 의미한다. 상常, 법法, 도道 세 뜻이 하나로 합쳐진 글자가 바로 경經이다. 그런데 글씨가 한 자도 적혀 있지 않은 신비한 경이

한 권 있다. 그 경이 바로 심경心經이다. 마음! 이 심경을 다시 글자로 써 내려간 것이 『반야심경般若心經』이요, 반야의 지혜로 마음을 읽어 내려가 보니, 심경의 핵심은 '이무소득고以無所得故'(Nothing to attain)로 드러났다. 이 '얻을 것이 없는 까닭에'라는 문구는 이미 모든 것이 다 갖추어져 있다는 반어법이다. 이 대목이 『반야심경』에서 태풍의 눈이다. 『금강경』에서 태풍의 눈은 '응무소주應無所住 이생기심而生其心'이며, 『원각경』에서는 '무변허공無邊虛空 각소현발覺所顯發'이다.

이렇게 설명해도 문제는 역시 '나'에게 있다. 도대체 자기가 자기를 믿지 않으니 전도顚倒된 중생의 마음이란 참으로 무서운 것이다. 좀 극단적으로 비유하자면, 비가 주룩주룩 오는데 우산도 없이 길을 걷는다. 맞은편에서 우산을 쓴 사람이 걸어오는데, 우산 쓴 사람이 마침 자신에게 우산이 하나 더 있으니 쓰고 가라고 비 맞은 이에게 권했다. 그런데 비에 젖은 생쥐 꼴을 한 정신 나간 이 사람이 말하기를, 자신은 전혀 비를 맞지 않고 지금 길을 잘 가고 있다고 그냥 우겨댄다. 게다가 그 우산조차 필요 없단다. 경전에서도 이르길 상대가 법에 대해 경외심도 없고, 게다가 법을 청하지 않는다면 절대 법을 펴지 말라고 하셨다. 돼지 목에 진주! 어쩌랴, 인因만 심어 놓고 가던 길 다시 갈 밖에⋯⋯.

중생은 자기 말만 한다. 상대방의 말에 귀 기울여 들을 자세가 전혀 안 되어 있다. 성인聖人에서 성聖의 갑골문자는 이구耳口였다고 한다. 듣고 말하는 사람, 먼저 문제를 듣고 난 다음 해결책을 말해주는 사람이 바로 성인聖人인 것이다. 지금 우리가 하는 공부는 성현聖賢을 넘어 성인이 되는 공부다. 들을 때 듣고 말할 때 말하며, 침묵할 때 침묵한다. 범인凡人으로서는 참으로 쉽지 않은 이야기다.

깨달아 무한히 확장된 마음을 보면 송곳 하나 꽂을 자리도 없었던, 밴댕이 소갈딱지보다 더 작았던 내 마음이 광대무변한 우주를 한입에 집어 삼켰다. 비로소 그렇게 우주와 합일이 된 그 마음을 표현한다면, 그런 우주 만유는 비로자나 부처님의 세계라고 하며, 있는 그대로 보이는 자연 그대로의 세계라고 스스로 감탄하며 말하게 되는 것이다. 그래서 『능엄경』에서는 "색신色身과 밖으로는 산하山河와 허공虛空, 대지大地가 모두 묘명진심妙明眞心 가운데 떠오른 모습임을 모른다"고 하였다.

주인이 허드렛일을 하며 하인으로, 노예로 살아가고 있으니 참으로 안타까운 일이다. 대상에 굴림을 당하여 사는 인생이니 고통에서 벗어날 길이 없구나! 애석하도다. 초기 경전에는 '고통은 있어도 고통받는 자는 없다'고 하였다. 죽은 자를 살리고 눈 먼 자를 눈 뜨게 하며, 앉은뱅이와 절름발이를 일으켜 걷게 하고 병든

자를 회복시키며 건강한 자는 더욱 삶을 윤택하게 해 주는 것이 바로 이 공부요, 이를 일러 익생益生이라 한다. 그럼 익생의 주체는 누구인가? 신神도 아니요, 하나님도 아니며 부처님도 아니다!

저기 보라,
누가 비로자나 부처님의 정수리를 밟고 지나가는가?
악!

22. 衆生隨器 得利益 중생수기 득이익

'중생의 그릇 따라 이익을 얻으리니'

노자 『도덕경道德經』 '무지위용無之爲用'편에는 이런 이야기가 나온다.

삼십폭공일三十輻共一　당기무當其無　有車之用유차지용

연식이위기埏埴以爲器　당기무當其無　유기지용有器之用

착호유이위실鑿戶牖以爲室　당기무當其無　有室之用유실지용

유지이위리故有之以爲利고　無之以爲用무지이위용

서른 개의 바퀴살이 한 군데로 모여 바퀴통을 만드는데

그 가운데 아무것도 없기 때문에(바퀴통 중간이 비어야)

150

수레로 쓸모가 있다.

흙을 빚어 그릇을 만드는데

그 가운데 아무것도 없기 때문에(그릇 안이 비어야)

그릇으로 쓸모가 있다.

문과 창을 뚫어 방을 만드는데

그 가운데 아무것도 없기 때문에(방의 안이 비어야)

방으로 쓸모가 있다.

그런 까닭에 '유'가 이롭게 쓰이는 것은

'무'가 쓰임이 있기 때문이다.

가운데가 비워지지 않으면 사용할 수 없는 물건들이 주변에 제법이다. 노자는 대표적으로 바퀴를 먼저 예로 들었다. 고대에 나무 수레의 바퀴는 중심점을 둥근 공간 모양으로 바퀴축을 만들었고, 축은 텅 비어 아무것도 존재하지 않으며, 어떤 바퀴살에 편중되지 않고 끊임 없이 움직이며 굴러간다. 선종禪宗의 화두 중에는 이런 내용이 있는데 도가의 철학적 내용과 전혀 무관하지 않다. 사실 선종과 도가의 가르침은 많은 부분 공통점을 가지고 있다.

중국은 일찍이 노자의 사상을 기초로 선종을 꽃 피웠기 때문이다. 잘 음미해 보자.

오유일물吾有一物 常在動用中상재동용중

동용중動用中 수부득收不得

시심마是甚魔

세상에 한 물건이 있는데, 항상 움직이며 쓰인다.

움직여 쓰이는 중에 잡을 수 없는 것이 있다.

이것은 무엇인가?

　이 화두는 내가 처음 봉철 선사, 스승님을 뵈었을 때 손수 붓글씨로 써 주신 내용이다. 속이 텅 빈 수레바퀴와 우리네 '이것'과 비슷하지 않은가?

　다음은 그릇으로 비유하였다. 그릇을 만들 때는 속을 텅 비워야 그릇으로서 사용이 가능하다. 그릇은 무엇인가를 담고 채우는 물건이다. 그 속이 꽉 찼다면 그릇은 전혀 사용가치가 없다. 마음이 온갖 잡념으로 채워져 있으면 상대의 말이 제대로 들리지 않고 밖의 사물이 있는 그대로 보이지도 않는다. 마음은 거울과 같고, 잡념은 거울 위에 티끌과도 같기 때문이다. 마음을 비우라는 이야기는 거울 위에 티끌을 닦아 없애라는 말이다. 법문을 듣기 전 잠시 입정入定을 취하는 것도 이런 이유에서이다.

　그러나 마음공부에 있어서는 실제 잡념을 제거하면 잡념이 사라지지 않고 더욱 맹렬하게 번뇌를 일으킨다. 잡념이 올라오면 가만히 놓아두고 '잡념이 올라왔구나' 하고 알아채면 알아채는 순간 잡념은 사라진다. 왜? 알아챔에 집중했기 때문이다. 그리고 잡념이 올라온 그 자리를 꿰뚫어 사유한다. 사유가 깊어지면 깊어질수록 '텅 빈 충만함'을 느낄 수 있다. 소담하게 담긴 과일 그릇이 눈에 먼저 뜨이기야 하겠지만 '텅 빈 충만함'이 없는, 속이 없는 그릇은 그릇으로 사용이 불가능하다. 차를 즐기는 나는 여름밤에 홀로 차를 자주 마신다. 그럴 때면 텅 빈 찻잔에 달빛을 담아서 마신다. 속이 꽉 찬 그릇에 어찌 달빛을 담겠는가. 그래서 선가에서는 다선일미茶禪一味라는 말을 한다. 중생의 욕심은 그릇의 속이 무조건 크고 깊으면 좋겠다고 생각한다. 욕망의 그릇이야 항상 그러하지만 그러나 이때도 비록 그것이 욕망일지라도 그릇의 '텅 빈' 속성이 있기에 욕망도 담을 수가 있다. 이 말은 노자가 지적했던 "그런 까닭에 유有가 이롭게 쓰이는 것은, 무無가 쓰임이 있기 때문이다"라는 표현과 다르지 않다. 이런 속성에는 번뇌를 보리로 바꾸는 힘도 가지고 있다.

그릇은 용도에 따라 그 모양이 변해야 한다. 간장을 담을 그릇이면 작은 종지 모양이 적당하며, 물을 채울 그릇이면 항아리가 적합하다. 이처럼 모든 만상은 쓰임에 따라 형태가 달라지는데, 어느 날 간장 그릇이 불평을 하면서 이야기한다. "나는 왜 이렇게 작아. 너무 작아서 간장이나 담는 하찮은 작은 그릇으로 태어나서 너무 기분이 나빠. 저기 저 항아리 좀 봐. 저렇게 배가 불룩하게 부르고 깊은 속을 가져서 아주 많은 것을 담을 수 있으니 정말 너무 부러워!"라고 한다면 간장 종지는 그날부로 식탁 위에서 사라져 버리고 말 거다. 어느 정신없는 사람이 식탁 위에 간장을 담은 항아리를 올려놓고 식사를 하겠는가. 분수를 모르고 제 쓸모를 잃어버렸기 때문이다.

중생의 그릇에 따라서 각자 이익을 얻으리니, 걱정하지 마라. 후에 나올 문구인 귀가수분歸家隨分 득자량得資糧이라, 집으로 돌아가는 돈과 식량은 만족스럽다. 각자의 그릇이 생긴 데로 세상에서 가장 풍족하게 담겨 있을 것이다. 그래서 자신은 무엇을 담을 그릇인지를 곰곰이 생각해 보는 시간이 절대적으로 필요하다. 특히 청소년기에 자신의 성찰이 중요한 것은 이런 연유에서 비롯된 말이다. 그러나 자신의 그릇은 자신이 만드는 것! 현재의 불편하고 어려운 상황을 탓하여 마치 운명론자처럼 굴지 말자. 운명運命은 말 그대로 내가 스스로 운전하면서 가는 거다. 부처님께서도 모든 사람은 태어나면서 자신의 운명이 결정지어지는 것이 아니라, 자신의 현재 행동이 미래를 결정한다고 하셨다.

행복을 위해서는 절대의 자(尺)가 필요하다. 세상은 재고 달아서, 타인과 비교하려는 마음이 싹 틀 때 불행을 초래한다. 절대적인 자로서, 세상에서 제일가는 부자가 될 수 있는 부적과도 같은 글귀가 있다. 그것은 오유지족吾唯知足이라, 스스로 족함을 아는 것이 제일가는 부자인 것이다. 제 아무리 많은 것을 소유했다고 할지라도 만족할 줄 모르면 언제나 헐떡거리며 산다. 사실 공부가 어느 정도 끝나면 세상의 중심에 서서 당당한 주인공으로서, 우주 만물이 모두 내 속에 담겨 있는데 더 이상 무엇을 바라겠는가!

그래서 서원과 기도를 하는 자신의 목소리에 귀 기울여 보면 그 내용은 무엇인가를 자꾸 구하는 것이 아니라 더 이상 구할 것이 없는 마음을 가지게 해 달라는 기도로 이어진다. 이미 나는 풍족하기 때문이다. '텅 빈 충만함'이 여기서 위력을 발휘하기에 그러하다. 나아가 그 기도는 모든 중생을 위해 자신이 지은 복과 공덕을 중생에게로 회향하는 기도로 이어진다. 그것이 바로 보살의 마음이다.

모든 중생에게 이익利益됨은 성경에도 나온다.

하늘을 나는 새를 보라. 농사짓지 않으며, 곡식 모아 곡간 안에 들인 것이 없어도
하늘 계신 아버지가 고이 먹여 주시니, 먹고 마실 것을 위해 아무 염려 말아라!

들에 피는 백합꽃을 보라. 길쌈 수고 안 해도 솔로몬의 의복보다 더욱 아름답도다!
아궁이 속에 던질 풀도 고이 입히시거든, 사랑하는 자녀들을 입히시지 않으랴!

그러니 나는 속을 텅 비우는 연습으로 인생이 원하는 그릇을 만들기만 하면 된다. 비우면 비울수록 채워지는 묘한 도리가 여기에 있다. 어떤 그릇을 만들겠다는 것은 바로 서원誓願을 세우는 일이다. 서원이란 자신을 돌아보며 '나는 어떤 인생을 살겠다'라는 계획서를 부처님 앞에 제출하는 행위와 진배없다. 서원은 목적이 있는 삶이며 목적으로 이끄는 삶이다.

자신이 잘하는 것을 찾아서 꼭 '원願'을 세워라. 세우고 나면 모든 일이 다 이루어진 것처럼 행동하라. 더 이상 목표는 바라보지 말고 한 걸음 한 걸음씩 내디디며 찰나에 집중하자. 채우려고 하지 않아도 이미 다 채워져 있는 하루가 오늘도 기다리고 있다.

23. 是故行者 還本際 시고행자 환본제

'이런 까닭에 수행자가 본래 자리로 돌아가는 위해서는'

여시아문 일시 불 재사위국 기수급고독원 여대비구중 천이백
오십인 구 이시 세존 식시 착의지발 입사위대성 걸식어기성중
차제걸이 환지본처 반사흘 수의발 세족이 부좌이좌
如是我聞 一時 佛 在舍衛國 祇樹給孤獨園 與大比丘衆 千二百五十
人 俱 爾時 世尊 食時 着衣持鉢 入舍衛大城 乞食於其城中 次第乞
已 還至本處 飯食訖 收衣鉢 洗足已 敷座而坐

이와 같이 내가 들었다. 한때에 부처님께서 사위국 기수급고독
원에서 큰 비구들 천이백오십 명과 함께 계셨다. 그때 세존께
서는 공양을 드실 때인지라 가사를 입으시고 발우를 들으시고

사위성에 들어가시어 공양을 받으실 적에, 차례차례 받으시고 본래 계시던 곳으로 돌아오시어 공양을 드신 후에, 가사와 발우를 거두시고 발을 씻으신 뒤 자리를 펴고 앉으셨다.

이렇게 『금강경』의 첫 대목은 법회가 열린 연유로 시작한다. 잠시 눈을 감고 당시 부처님의 모습을 그려보자. 가만히 앉아서 공양을 받아도 될 위치인, 당대 최고의 깨달음의 자리에 오른 스승이지만 당신이 손수 발우을 들고 탁발을 나선다. 우리 시간으로 아마 오전 9시에서 10시 정도 되었을 게다. 구름 한 점 없는 화창한 날씨. 천이백오십 명 중 한 비구로서 그 줄에 맞추어서 발우를 들고 한 집, 한 집 걸어서 차례로 탁발을 하신다. 푸르고 높은 가을 하늘을 줄지어 나르는 기러기 떼처럼 탁발을 나선 수행자들의 줄 선 모습이 참으로 장관이다. 부잣집이든 가난한 집이든 상관하지 않고, 집집마다 어떤 음식이 공양될지 모르지만 주는 대로 받아서 발우에 담는다. 발우에 음식을 넣는 불자의 마음은 '이 공양을 통해 보시할 수 있는 기회로 복을 짓게 해 주셔서 감사합니다' 하는 만족스러운 표정이 얼굴에 역력하다. 엄마 품에 안긴 아이가 고사리 같은 두 손을 벌리며 부처님께 뭐라고 옹알이를 한다. 부처님은 엷은 미소로 화답하시며 줄 맞춰 다시 다음 집으로 발걸음을 옮기신다. 평범한 일상처럼 평화로운 한 장면이다. 아뇩다라삼먁삼보리! 더 이상의 경지가 없는 최고의 깨달음, 무상정등각無上正等覺을 얻은 석가모니의 모습은 깨달았다는 상相도, 나는 스승이라는 상도, 게다가 특별히 신통력을 부리는 것도 없이, 평소 여느 때나 다름이 없다. 그러고선 탁발을 다 마친 후 다시 거처로 돌아오셨다.

이렇게 부처님께서는 아무런 말씀도 없으시다. 단지 그 옛 모습만을 가지고도 이 경을 읽는 우리에게 생생한 가르침을 주신다. 침묵 속에서 피어난 한 떨기 꽃이다. 이번 단락 '시고행자 환본제是故行者 還本際'에서 환본還本은 여기 『금강경』에 있는 환지본처還至本處의 준말이다. 환지본처란 본래 왔던 자리로 다시 돌아간다는 뜻이다. 그럼 본래 자리로 돌아간다는 의미는 무엇일까? 돌아간다는 것은 회복回復이요, 잃은 것을 다시 찾은 것이며, 잊은 것을 다시 기억하는 것이다. 또한 깨달아 아는 것이다.

일단 돌아갈 곳이 있다는 것은 참으로 다행스럽고 행복한 일이다. 돌고, 돌고, 돌아가다가 그래서 더 이상 돌아갈 곳이 없을 때, 바로 여기다! 아프고 힘들고 괴로울 때 포근하게 품어주고 어루만져 주는 곳, 그곳이 바로 어머니의 품과 같은 고향이다. 우리네 마음의 고향도 이와 같다. 돌아갈 수 있다는 것, 이것은 초발심을 낸 수행자의 의지와 수행력을 상징하고, 돌아갈 곳이란 법성이요, 우리 자신의 본래면목이다. 그러나 깨닫고 나면 본래 돌아갈 곳도 없고 돌아갈 것도 없다. 아울러 깨달음도 없다. 말이 그렇다는 이야기다. 사실 탁발해서 다시 돌아오실 때까지 석가모니 부처님께서는 한 발자국도 움직이신 적이 없다! 알겠는가?

이 말을 체득하고 싶으면 오로지 무자無字로 도배된 『반야심경』을 열심히 암송하면 된다. 심지어 석가모니 부처님께서 큰 깨달음을 얻으신 고집멸도苦集滅道인 사성제四聖諦마저도 '무고집멸도無苦集滅道'라 하여 고집멸도도 없다고 한다. 이렇게 끝없는 무자無字 관문에 부딪혀 이마가 깨져서 얼굴이 온통 피투성이가 되고 이가 몽땅 다 부러져 봐야 깨끗한 얼굴로 거듭 태어날 것이다. 바로 지금 여기에서 오직 모를 뿐! 여여如如하게 언제 어디서나 마주치는 인상 좋은 옆집 아저씨, 아줌마의 평범한 얼굴로 살아간다. 그래서 호리병(세상) 속에 신선이 산다는 말이 나왔다.

문득 깨달아 알아지는 돈오頓悟는 공성空性을 증득한 것을 말한다. 이렇게 도를 본 후에는 본격적인 수행이 시작된다. 수행은 불속에서 하는 치열함으로 표현되기도 하며, 뜨거운 태양이 머리위로 지글거리는 한여름 철에 벌겋게 달구어진 화롯불을 머리에 이고 가는 수행자의 모습으로도 비유한다. 만일 수행하지 않는다면 배고파서 죽겠는데 정작 밥을 입으로 넣지는 않고, 그냥 말로만 '밥, 밥, 밥' 거리며 배부르기를 바라는 어리석음과도 같다.

진로형탈사비상 塵勞逈脫事非常

긴파승두주일장 緊把繩頭做一場

불시일번한철골 不是一番寒徹骨

쟁득매화박비향 爭得梅花撲鼻香

번뇌 떨쳐내는 일 예사롭지 않을지니

밧줄 단단히 부여잡고 한바탕 벌려 보라.

뼛속에 사무치는 추위를 견디지 않고서야

어찌 코끝을 찌르는 매화 향기 얻을 수 있으랴!

　황벽 스님의 오도송悟道頌으로 수행의 매서운 맛이 아주 잘 살아나는 선시禪詩이다. 한 송이 꽃을 피우는 데도 이렇게 절절함이 묻어나는데, 일대사一大事를 치루는 수행자는 오죽하겠는가! 한 생을 걸고 이번 생은 없다며 그 귀한 삶 저리 밀쳐놓고, 선방에 앉아 목숨을 내놓고 정진하는 눈 푸른 운수납자雲水衲子들이어라! 수행자는 모름지기 마음이 허공 같고 마른 나무와 돌덩이처럼 되며, 또한 다 탄 재와 꺼진 불처럼 되어야 한다.

　한편『원각경』에서 이르길 "나와 세계는 허깨비처럼 실재가 아님을 알고 집착에서 그 즉시 떠나면 다양한 수행방편을 조작하지 않게 되며, 허깨비 같은 허상의 집착에서 떠나면 즉시 깨닫기 때

문에 역시 수행의 점차漸次도 없다"고 하였다. 역시『십육대아라
한예찬문』에서도 점법漸法과 돈법頓法이 두 가지가 아니며, 도를
이룰 적에는 이치가 한 가지이지만 영리하고 우둔하고 빠르고 더
딘 것은 수행자 자신의 소견 탓이라 했다. 그러므로『수능엄경』
에서는 "나와 모든 세계를 허깨비처럼 실재하지 않는 것으로 보
는 여환삼매如幻三昧에 들어 손가락을 튕기는 극히 짧은 순간에
번뇌가 끊어진 무학無學의 경지로 초월한다" 하였다.

남회근 선생의 경우, 탐욕이 많은 현대인들을 위해서 백골관
白骨觀 수행을 추천한다. 이 수행은 뜨거운 욕망이 차가운 재처럼
변하여 고요한 마음으로 돌아가며 성욕을 억제하는 데 효과적이
다. 일반적으로 모든 수행이 다 그렇지만, 몸의 깨끗하지 못함을
관하는 부정관不淨觀은 필히 스승이 있어야 한다. 사실 이 수행법
이외에도 수행자에게 스승이 없다면 도대체 내가 어느 단계에서
수행을 하고 있는지, 또는 분명히 자신에게 어떤 수행과가 있었
음에도 불구하고 이미 지나친 것인 줄도 모른다. 초기 부정관 수
행자들 중에는 수행 부작용으로 몸의 더러움을 알아차리다가 54
명이 자살하는 사건이 벌어졌었다. 적절한 가르침 없이 욕망을
의도적으로 억누르거나 없애려고 하면 할수록 욕망의 불길이 더
욱 거세지거나, 수행을 멈추고도 지속적으로 세상이 온통 백골로
만 가득 차게 보이는 부작용이 있기 때문이다.

백골관은 몸에 대한 집착심을 없애기 위해 백골만 남은 모습을 관하는 수행이다. 이 수행은 부드럽게 관상을 해야지 용을 쓰듯 힘을 주면 부작용이 있다. 한 편의 영화를 보듯이 객관적인 마음으로 마음을 부드럽고 느긋하게 시작한다. 첫 수행법은 사람이 죽어 몸이 썩어 들어가 백골로 변하는 모습을 단계별로 관한다. 아홉 단계로 관하는데, 순서대로 먼저 시체가 부풀어 오른 모습을 상상하는 창상脹想 단계, 시체의 살이 터져 내장이 밖으로 흘러나와 썩는 것을 관하는 괴상壞想, 시체 전체가 피고름으로 범벅된 혈도상血塗想, 피고름 속에서 구더기 같은 벌레가 기어 나오는 농란상濃爛想, 시체가 시간이 지나면 비바람에 훼손되어 푸르게 변색된 청어상青瘀想, 그런 시체를 새나 날짐승이 쪼고 뜯어 먹는 것을 관하는 담상噉想, 살이 거의 떨어져나가 뼈만 앙상하게 남아 머리나 팔, 다리가 뒤바뀐 채 흐트러져 있는 모습인 산상散想, 드디어 하얗게 마른 백골만 남은 골상骨想, 불에 한 줌 재로 남은 소상燒想으로 나눈다.

골쇄관骨鎖觀의 세 단계로 한 집안으로 시작해서 한 마을, 온 세상 사람들을 모두 백골로 관한다. 반대로 온 세상에서 한 마을, 한 집, 최후에는 자기 자신의 백골로 돌아온다. 반복적 상상으로 관상을 깊게 한다. 다음 중기단계는 자신의 백골을 관하면서 자신의 백골 중 발을 뺀 나머지 신체의 백골을 관하다가, 머리 반쪽을 남기고 남은 반쪽의 머리뼈 백골을 관한다. 마지막으로 세 번째 단계는 머리 반쪽을 없앤 나머지 반쪽 머리뼈 백골의 상태로 두 눈썹 사이 미간에 초점을 두고 관한다. 그리고 백골과 내가 하나가 되는 관을 얻는다.

그래서 관觀을 얻은 후라면 수행의 전환이 꼭 필요하다. 이것이 지관쌍수止觀雙修요, 정혜쌍수定慧雙修를 닦는 수행법이다. 사마타에서 위파사나(알아차림 수행), 즉 고요함만 있는 지止수행에서 관觀수행으로 통찰의 지혜 힘을 키워 나가야 한다. 욕망이란 제거의 대상이라고 생각하는 것이 아니라 실재하는 법으로, 알아차릴 대상으로 간주하는 것이다. 이렇게 알아차려서 '있는 그대로 보는 것'을 여실지견如實知見이라 한다. 수행자는 욕망에 의해서 어떤 일을 충동적으로 행동하는 것이 아니라 그 상황의 필요에 의해 선택적으로 행동하게 된다. 이것이 위파사나 수행을 통해 얻을 수 있는 이익이다. 그래서 선가에서는 수진무염隨塵無染이라, 티끌을 따르되 물들지 않는다고 한다.

자, 이제 깨달음의 그 자리 어떻게 표현할 길이 없어 안타까워하는 선배의 마음을 담은 시, 석지현 스님이 풀이한, 옛 이름 모를 선객禪客이 남긴 게송 한 수(작자 미상)를 음미하며 이번 장을 마감하자.

서왕한래暑往寒來 춘부추春復秋
석양서거夕陽西去 수동류水東流
망망우주茫茫宇宙 인무수人無數
나개친증那箇親曾 도지두到地頭

더위 가고 겨울 오고 봄은 다시 가을이요
석양은 서로 지고 물은 흘러 동쪽이라.
이 누리 망망쿠나 모래 같은 사람들아
어느 때나 이곳에 와 한번 웃어 볼 것이냐.

24. 叵息妄想 必不得 파식망상 필부득

'망상을 필히 부수어 쉬지 않으면 얻지 못하리.'

소위 '한 소식消息했다'는 의미를 파자破字해서 풀어본다면 이렇게 설명이 가능하다. 물(水) 위에 뜬 작은(小) 달(月)을 진짜 달로 착각하지 않는 지혜(自)를 얻은 마음(心)이다. 그 마음이 어떻게 진위를 가릴 수 있었냐 하면, 푹 쉬고(息) 있었기 때문이다. 쉰다는 것은 고요하게 평상심을 유지했다는 것인데, 물결이 흔들리지 않았다는 거다. 흔들리는 물결에는 절대로 달의 모양이 확연하지 않다. 물 위에 달의 모양을 정확하게 맺히게 하려면 수면이 흔들리지 말아야 한다. 다시 말해서 마음을 쉬게 하는 것은 망상을 피우지 않는다는 것이다. 수행에서 식息의 단계는 호흡이 끊어져 사라져 버린 상태이다. 도가道家에서는 한 나절 물속에 있을 정도로 호흡을 길게 한다는 말이 있다. 호흡을 길게 한다는 것은 호흡을 멈추지 않으려는 그 마음에 집중하기 때문에 다른 잡념이 들어올 틈이 없다. 따라서 호흡이 끊어지면 생각도 자연스럽게 멈춘다. 식息이란 흉식호흡이 단전호흡으로, 다시 피부호흡으로 전환되는 미세한 호흡 단계를 말한다. 옛 수행자들의 표현으로는 이를 발바닥으로 숨 쉰다고도 한다. 그만큼 호흡이 깊다는 것이다.

망상이란 이치에 맞지 않는 허황된 것을 사실인 것처럼 굳게 믿는 것, 잘못된 믿음이나 생각을 말하는데, 물론 망상이란 게 망상을 피우고 싶어서 피우는 것은 아니지만, 망상이 생기는 원인 중 하나가 주와 객으로 벌어지는 것이다. 그래서 주主에서는 아공我空임을 깨닫고 객客에서는 법공法空임을 깨달아 종국에는 아공과 법공 모두 공하다는 생각마저 놓아버려야 한다. 특히 망상의 속성은 잠시 머무르는 성질을 가지고 있음을 명심해야 한다. 이는 주관과 객관으로 인해 생기는 모든 현상과 물질이 절대로 영원토록 머무르지 않는다는 사실이다. 대승불교의 3대 원칙이 머무르지 않고(무주無住), 집착하지 않으며(무착無着), 바라지 않는 것(무원無願)이다. 머무름이 없는 마음, 무주심無住心을 가르치는 이유가 여기 있다.

자연스레 올라오는 망상은 누르려고 하면 할수록 거세게 올라온다. '강제로 억누른다는 것'을 참선공부에서는 '풀을 돌로 눌러

놓았다'라고 표현하는데 이를 두고 한 말이다. 망상의 화력火力에 불을 지피는 행위는 강제하고 억압하는 것이다. 번뇌 망상이 올라오면 가만히 놓아두면 된다. 역시 이들의 실체는 공空이다. 여기서 부순다는 것은 실체가 있어서 때려 부수어 가루 내고 사라지게 하는 것이 아니라, 망상이 아지랑이 같은 환幻임을 알아차리는 것이다.

주객을 해체시키는 방법은 경망심멸境亡心滅, 인경쌍망人境雙亡이라, 경계(대상, 객관)는 잊어버리고 마음(주관)은 사라지게 한다. 이미 앞서 소개한 게송인데 『벽암록碧巖錄』을 인용하여 다시 한 번 살펴보자.

심월고원心月孤圓하니
광탄만상光吞萬象이라
광비조경光非照境하고
광역비존境亦非存이라
광경구망光境俱忘하면
부시하물復是何物이라

마음 달 홀로 둥글어
그 빛 온 누리를 삼키도다.

달빛이 경계를 비치지 않고

경계 또한 있는 게 아니네.

빛과 대상이 모두 없어지니

다시 이 무슨 물건인고?

    화두에서 광경구망光境俱忘의 경지를 나타낸 것은 주객이 해체되었을 때 어떠하냐는 물음이다. 다시 말해서 '산은 산이요 물은 물이다'에서 '산은 산이 아니요 물은 물이 아니다'의 경지로 갔다가 다시 '산은 산이요 물은 물이다'라는 심일경성心一境性의 경지, 혼연일체渾然一體의 경지에 다다르면 어떠하냐는 물음이다. 화두만 잘 들어도, 굳이 화두의 뜻을 파악하지 못해도, 이 질문에 대한 간절한 의심만으로도 자연스럽게 이 경지로 끌어 올리는 것이 간화선의 화두참구다.

    파식망상필부득破息妄想必不得을 달리 풀어 본다면 이렇다. 필히 망상을 다 없앴다 할지라도 부득不得이라, 얻을 수가 없다. 이때 부득은 무득無得과도 같다. 『반야심경』의 무소득無所得이다. 어째서 얻을 것이 없을까? 법성의 성품이 공이라는 것이다. 다시 말해 마음이란 잡으려야 잡을 수가 없는 것, 그래서 결단코 소유할 수가 없다. 그 소유할 수 없는 그 마음, 그 마음이 바로 법성이다. 그러니 종국에 가서는 깨친다고 하여도 그저 말뿐이요, 부처라고 해도 그저 말뿐이다. 이렇게 무득은 부처님께서 주신 크나큰 유산이다.

주객으로 해체되는 상황을 구체적으로 표현하자면, 망상이 올라오면 마치 한 편의 영화를 보듯이 객관화시킨다. 그럼 아무리 감동적인 영화라도, 영화 속에 깊숙이 빠져든 '영화삼매映畫三昧'가 되더라도 영화는 영화인 것을 알아차리고 있듯이 망상도 망상임을 알면 그뿐이다. 최면에서 많이 쓰는 방법이 객관화 작업이다. 상처의 원인이 된 내용을 영화관에서 관람하듯이 스크린 위에 떠오르는 기억을 영상으로 전개시켜 영화로 상영시키고, 맨 마지막에는 필름을 거꾸로 돌리듯이 영화를 뒤집어 상영하게끔 하면 불쾌했던 기억이 치유되는 성질을 이용한 것이다.

잡념이 올라와서 머릿속을 가득 채운다면 괴로워할 것이 아니라 망상이 올라온 것을 알아차리고, 올라온 근본 자리를 관한다. 그래서 수행은 필히 정靜에서 정淨으로 들어가야 한다. 알아차림에 실상實相은 '텅 빔'인 진공眞空이다. 그러나 알아차림은 묘유妙有이다. 진공과 묘유 사이에 큰 길을 내야 한다. 공有에도 유有에도 치우침 없이 자유자재하게 왕래할 수 있는 큰 길, 이 대로大路의 이름은 바로 중도中道이다.

25. 無緣善巧 捉如意 무연선교 착여의

'인연 짓지 않는 좋은 방편으로 마음대로 잡아 쓰니'

무연선교無緣善巧란 '인연 짓지 않는 좋은 방편'으로서 무위무불위無爲無不爲를 말한다. 즉 함도 없으나 하지 않음도 없다. 다시 말해서 자유자재하다. 여기서 무연無緣이란 인연이 되더라도 인연지었다는 상이 없다. 마치 고관대작을 만나 설령 그에게 도움을 주었다고 하더라도, 그를 도왔다는 상이 없다. 왜냐하면 그의 마음속에는 그 일에 대한 보상심리가 전혀 없기 때문이다. 이렇게 보시는 무주상보시無住相布施가 제일 수승하다. 무주상이란 상이 없다는 말이다. 이는 무연無緣의 완곡婉曲한 또 다른 표현이다. 상이 없다는 표현은 무위의 함이 없는 마음이요, 쉽게 말해서 생색生色 내지 않는 거다.

색色이 올라온다는 것은 내가 저 사람에게 무언가를 주었다, 베풀었다는 생각이 올라오는 마음이다. 은혜를 베푼 것이나 반대로 원수 갚을 것을 오래도록 기억하여 마음에 품고 있는 것도 이와 같다. 은혜 베푼 것을 오래도록 기억하는 그런 사람을 만나면 소위 '은혜 속에 칼이 있다'는 옛말을 잊어서는 안 된다. 때가 되면 그 '칼'로 무엇인가를 요구할 것이다. 공직자의 청렴함을 강조하고, 사업상 거래에서 선물과 뇌물이 오고 가며, 사치스러운 접대를 하는 것이 다 이런 이유에서 비롯된다. 그래서 만일 은혜를 받으면 빨리 갚아 버리라는 것이 상책이다. 그러나 최상책은 받아도 받았다는 상 역시 없다면, 받았다는 불편함을 유발하는 번뇌로부터 자유로울 것이다. 그래서 보시자, 공양물, 수혜자 삼위가 공하여 평등함을 잊지 않는 것이 최고의 보시법이다.

무주상보시無住相布施를 연습하는 데 제일 좋은 방법은 자신과 인연이 전혀 없는 사람들을 돕는 거다. 나와 아무런 인연이 없는 고아원, 양로원, 병원 또는 걸인 등 무작위의 대상을 무의식적으로 만나는 것도 방법이다. 이유는 내가 그들에게 은혜를 베풀었을지라도 다시금 은혜를 보상받을 기회가 전혀 없기에 그 대가를 바라는 마음이 줄어들거나 또는 전혀 들지 않기 때문이다.

자주 거론되는 '오직 모를 뿐'의 화두는 주객이 사라진 상태로 있지만, 이제는 주객이 사라진 상태에서 베푸는 자와 은혜를 받는 자, 그리고 공양물(베푸는 행위)의 삼위三位가 모두 평등함을 잊지 않고 '오직 할 뿐'으로 전환되어야 한다. 그때 은혜를 베푸는 자는 사라지고 오직 은혜를 베푸는 행위만이 남아 있게 된다. 생색生色이 사라지는 순간 나도(마음도) 따라 사라진다. 생각이 사라졌기 때문이다. 굳이 좌정하여 선정禪定에 들지 않아도 생활 속에서 선禪에 들어 무아無我를 체득하는 황홀한 순간이다. 일일일선一日一善의 이익이 여기에서 증명된다.

선교善巧란 중생을 구제하기 위해 그 소질에 따라 교묘한 수단과 방법으로 설한 가르침을 이른다. 다시 말해서 방편方便을 쓰는 것을 말한다. 하지만 방편을 쓰려면 먼저 방편을 쓸 자격이 있어야 한다. 여기서 언급한 '착여의捉如意', 즉 여의주를 자유자재하게 쓸 줄 아는, 소위 운전 면허증 같은 '보살 라이센스'가 있어야 한다는 말이다. 무슨 말이냐 하면, 같은 방편을 써도 중생이 쓰면 아부고 아첨이지만 보살이 쓰면 동사섭同事攝이다. 요새 우스갯소리로 남이 하면 불륜이고 내가 하면 로맨스라는 소리가 아니다. 이런 종류의 말은 중생심에서 비롯된 말이다. 중생은 자신의 행위나 의도에 대해 '공감共感'을 유도하지만 보살은 '공각共覺'으로 이끈다. 보살과 중생의 차이가 이렇게 확연하다. 대중은 언제나 감동 받기를 원하지만 감동은 순간이다. 깨어 있는 대중은 감동感動이 아니라 각동覺動해야 한다. 스스로 깨달아 동질화되는 것, 이것이 다른 여타 종교의 가르침과 확연히 다른 점이다.

'끌려가면서' 행동하는 것은 무명無明이고, '선택해서' 하는 행위는 깨어 있음이다. '어쩔 수 없이' 하는 행동은 노예생활이지만 '알면서도 속아주는 것'은 주인공이 하는 일이다. 반면 방편이라는 허울 속에 본질을 외면한 채 잡스러운 것들로 혹세무민하는 종교 지도자들도 주변에서 심심치 않게 볼 수 있다.

『화엄경』「이세간품」에는 보살에게 열 가지 방편이 소개된다.

1. 보시의 방편이 있는데 이는 일체를 다 베풀어도 그 대가를 바라지 않는다.
2. 지계 방편은 계율을 지키고, 무소유, 무집착, 인욕을 배우기 위해 두타행을 행함으로써 남을 무시하지 않기 위함이다.
3. 인욕 방편은 중생의 악을 참는데 이는 나와 남을 구별하지 않기 위해서이고,
4. 정진 방편은 신身, 구口, 의意로, 즉 몸으로 짓는 업, 입으로 짓는 업, 생각으로 짓는 업 모두 바라밀로 완성함을 잊지 않기 위해서이다.
5. 선정
6. 삼매
7. 해탈

8. 신통 방편들은 오욕과 번뇌를 여의기 위함이다.

9. 지혜 방편은 공덕을 기르되 만족하지 않는 마음이며,

10. 자비는 중생을 제도해도 중생이라는 상을 내지 않기 위함이며, 지혜와 자비 방편은 서로 상응하여 이 열 가지 방편을 깨닫게 하는 방편으로 중생을 위해 법륜을 굴리는 방편이다.

그러므로 무슨 일을 하더라도 마음공부가 먼저다. 깨달음 후에 행위가 진실된 것이며, 조작되지 않고 자동적으로 바라밀이 행해지기까지는 보림도 잘해야 한다. 깨닫지도 못했으면서 폼만 잔뜩 잡고, 중생제도에 방편을 쓴다는 미명 아래 마구니 짓을 일삼는 자가 주변에 생각보다 의외로 많다.

조고각하照顧脚下! 먼저 자신의 발아래를 잘 살필 일이다.

26. 歸家隨分 得資糧 귀가수분 득자량

'본래 마음으로 돌아가니 분수 따라 양식 얻네.'

자량資糧은 여행중에 쓰는 비용과 식량을 말한다. 우리는 각자가 먼 고향집을 홀로 걸어간다. 집으로 가는 여행에서 집에까지 가는 데 들어가는 돈과 먹을거리가 곧 자량이다. 수분隨分은 수분수隨分數의 준말이다. 앞서 나온 중생수기득이익衆生隨器得利益에서 기器, 즉 용기用器인 '그릇'으로 비유된 직접적인 또 다른 말이기도 하다. 이를 해설하면 현재 자신의 그릇, 분수에 따라서 풍성한 자량을 얻는다고 한다. 자, 그럼 지금부터 집으로 돌아갈 여행에서 꼭 필요한 노잣돈과 식량 구하는 법을 알아보자.

불교 사전에서 자량이란 보리와 열반에 이르는 데 바탕이 되는 여러 가지 선근 공덕을 가리킨다. 세속에서는 일반적으로 보시를 위주로 복덕을 쌓지만, 이것은 상에 머무는 행위가 대부분이기에 절대로 공덕이 되지 못한다. 그나마 음덕을 쌓을 줄 아는 이가 부족한 까닭이 여기에 있다. 남이 모르게 하는 선한 행위가 바로 음덕陰德이다. 오른손이 하는 일을 왼손이 모르게 하라는 예수님의 말씀처럼, 앞에서 언급한 무주상보시가 이를 두고 한 말이다. 따라서 제일 큰 자량은 바로 '정淨', 깨끗함이다. 마음에 한 점 티끌이 없는 상태, 이것이 수행의 제일 큰 밑천임을 명심하자.

그럼 덕德을 쌓는다는데, 덕이란 무엇인가? 덕을 파자하면 행行과 직直, 그리고 마음 심心이다. 어떤 행위인가? 곧은 마음, 바른 마음으로 하는 행위가 덕이다. 그 행위는 어찌하는가? 한마음으로 한결같이 행한다. 이것이 부처님께서 가르쳐 주신 팔정도八正道를 시작하는 마음이다. 팔정도란 ① 정견正見: 올바로 보는 것. ② 정사(正思, 正思惟): 올바로 생각하는 것. ③ 정어正語: 올바로 말하는 것. ④ 정업正業: 올바로 행동하는 것. ⑤ 정명正命: 올바로 목숨을 유지하는 것. ⑥ 정근正勤, 정정진正精進: 올바로 부지런히 노력하는 것. ⑦ 정념正念: 올바로 기억하고 생각하는 것. ⑧ 정정正定: 올바로 마음을 안정하는 것이다.

가끔 주변에 사람은 착한데 잘 속고, 하는 일마다 잘 안 되는 사람이 있다. 사람은 선한데 자신과 자신의 주변 단속은 제대로 못하면서 무조건 돈 잘 꿔주면서 그 돈은 다 떼이고, 남에게 보증 잘

서주고 남의 계약서에 인감도장 꽉꽉 눌러주는 사람들, 자기 집 안일은 다 제쳐두고 남에게 하는 봉사를 먼저 앞세운다. 그 집안 꼴이 말이 아니다. 이것은 착한 것이 아니라 어리석은 짓이다. 겉으로는 자리이타自利利他를 내세우지만, 도대체 이타만 할 줄 알았지 정작 자신은 하나도 만족시키지 못하는 얼간이다. 이것은 팔정도에서 제일 먼저 등장하는 바른 견해인 정견正見이 부족해서 생긴 것이다. 정견의 힘을 기르는 것이 수행이요, 깨달음으로부터 시작하는 것이 정견이다. 마음공부가 우선인 이유가 여기 있다. 다시 말해서 자기 자신의 마음속에 있는 여섯 도둑놈부터 때려잡는 것이 제일 우선이라는 말이다.

이와 같이 진실로 공덕을 쌓아야 진리로 회귀할 수 있다. 집으로 돌아갈 수 있다는 말이다. 공덕은 일반적으로 선한 일을 행하는 것으로만 알고 있지만 동시에 병행되어야 하는 것이 견성見性이다. 성품을 제대로 보는 견성과 상이 없는 보시가 쌍으로 이루어져야 원만한 공덕을 성취한다. 참 성품을 보지 못한 채 행하는 행위는 상에 머무르기 때문에 복덕으로 전락한다. 그럼, 오른손이 왼손 모르게 하게 하는 법이 무엇인가? 어떻게 그럴 수 있을까? 그것이 바로 견성이다! 자기의 성품을 본 사람은 견성 이후에 하는 행위가 자연스럽게 보시바라밀로 이어진다. 그래서 견성 후에 보림을 잘하면 잘할수록 식량과 돈이 무지하게 쌓인다. 성경에서 말하는 하늘에 쌓는 재물과 보화가 넘쳐난다는 말이 바로 이것이다.

깨어 있으라! 항상 깨어 있으라. 잠들지 말라. 지혜의 횃불을 높이 쳐들고 다 함께 집으로 돌아가자! 주변을 돌아보면 가끔은 식량이 떨어져서 쩔쩔매는 사람도 있다. 그래서 회향하는 거다. "내가 지어 놓은 복福, 부처님! 보살님! 저렇게 고생하는 중생 다 주세요. 우리 다 함께 가기로 약속했거든요" 이게 중생계 세상사는 맛 아니겠는가! 그런데 그 맛은 어디에 있노? 그 맛을 찾는 것이 화두를 드는 일이요, 찾은 것이 견성이다.

『화엄경』에서는 회향할 때

보살은 안에도 집착하지 않고 밖에도 집착하지 않으며, 환경에도 집착하지 않고, 마음의 작용에도 집착하지 않고, 인연에도 집착하지 않는다. 따라서 보살은 그 어떤 것에도 구속받지 않는다. 생멸도 없고, 선악도 없고, 고요함이나 어지러움도 없고, 하나라든가 둘이라는 것도 없다. 이 진리를 깨닫고 나면 그런 진리조차 존재하지 않는다. 이는 모든 것은 언어로 나타낼 수 없으며, 꿈과 같고, 음향이나 거울 속 그림자와 같은 까닭이다.

라고 하였다. 사실은 자작자수自作自收라, 자기가 만들어서 자기가 받는다. 절에서 관세음보살을 염한다. 그럼 관세음보살이 기도하는 중생에게 짠, 하고 나타나서 그가 원하는 무엇인가를 들어주는 것이 아니다. 관세음보살을 염하는 순간 내가 바로 관음이요, 내가 바로 지장인 것이다. 지장과 내가 둘이 아니다. 안 그러면 도대체 이 사바세계에는 관세음과 보현과 문수와 지장이 언제, 어떻게 등장할꼬?

자작자수에 관한 옛 이야기 하나를 더 소개해 보고자 한다. 하루는 불공을 드리려고 절엘 갔다. 그런데 절에 사람들이 꽉 찼다. 역시 중생들은 무언가 바라는 것이 많나 보다. 발 디들 틈도 없어서 한참을 기다리다가 다들 가고 난 다음 드디어 법당 안으로 들어섰다. 그런데 저쪽 구석에 한 분이 아직도 가지 않은 채 관세음보살님 앞에 서 계셨다. 불공을 드리려던 이 불자佛子도 관세음보살님 앞에서 기원을 하려고 했기에 그쪽으로 조심스럽게 조용히 발길을 옮겼다. 이렇게 옮기면서 관세음보살님의 상 앞에 서 계신 그분의 얼굴을 슬쩍 엿보았다. 그런데, 앗! 아니, 관세음보살님께서 바로 자신의 상 앞에 마주 서서 계신 것이 아닌가! 대승은 이렇게 기도하고 이렇게 염한다. 그럼 어째서 중생들에게 내가 지어 놓은 그 복을 다 공짜로 줄까? 복이 공空함을 알기에 팍팍 쓰는 거다. 복과 죄가 모두 마음 따라 일어나서 마음 따라 사라진다. 즉 실체가 없다. 중생에게 자신의 복을 나누는 더 큰 이유는 중생과 내가 둘이 아님을 깨우쳤기에 엄청 쓰는 거다. 이를 비유해서 보자면 제임스 카메론이 감독한 영화 「아바타」를 잠시 회상해 보자. 나비족장의 딸이 아바타 주인공을 나비부족에게 데려가지만, 족장은 '꿈꾸는 자는 여기에 들어올 수 없다'고 가로막는다. 앞서 언급했던 "야유몽자夜有夢者는 불입不入이요 구무설자口無舌者는 당주當住"라는 선어禪語가 확연하게 드러나는 장면이다. 그 땅에는 꿈꾸는 자는 절대 들어올 수 없고 깨우침이 없이는 들어와도 모른다. 아바타는 꿈꾸는 자! 평화와 질서, 공존과 공생을 모르기 때문이다.

나비부족에게는 '에이와'라는, 생명의 근원인 신성한 나무가 한 그루 있었다. 이 나무는 '신성한 나무' 또는 '여신'으로도 불리며 '만물의 신'이라고도 한다. 이 나무는 주변에 있는 수백그루의 나무들과 정보를 공유하며, 공유하는 정보는 다시 멀리 퍼져서 그 행성 전체에 일조 남짓 하는 나무들과도 원활하게 정보를 공유한다. 그래서 나비족 부족 일원들 모두는 어떤 의식을 치를 때에는 이 크고 신성한 나무에 달려 있는 나뭇가지처럼 생긴 긴 줄들을 모두 자신의 머리카락에 이어 교감한다. 나비족의 교감대交感帶는 항상 머리카락이었다. 이 장면은 비로자나 부처님의 세계에 내가 있고 내 안에 비로자나 부처님이 계신다는 의미이며, 중생과 나는 화엄의 세계에서 서로 둘이 아니라는 것, 모두가 형제

자매요, 가족인 것을 은유하는 그런 장면이다.

비로자나불의 연화장 법계와 세존의 깨달음이 상즉상입相卽相入의 우주관을 바탕으로 묘사된 화엄사상은 나와 너, 둘로 나누어진 세계가 따로 없으며 모든 것은 상즉상입(相卽相入: 모든 현상은 상호 융합되어 있고 인과관계를 이룸)한다. 간단하게 말해서 상즉相卽은 겉으로 보기에는 다양성을 지닌 별개의 사물 같지만 그 본체는 하나이고, 상입相入이란 다양한 사물들이 서로 융합함을 일컫는다. 따라서 상입은 모든 사물들은 인연에 의해 상호 의존하여 성립되기에 상즉은 이것과 저것으로 서로 분별하지 않는 지혜를 말한다.

예를 들어 물리적 입장에서 파도와 물은 근원적으로 하나이지만, 분별하는 순간 파도와 물의 둘로 나뉜다. 이때 분별하지 않고 보는 지혜가 상즉이다. 상입의 예를 들어보자. 종이는 펄프로 만들고 펄프는 나무를 가지고 만든다. 나무는 햇빛, 물, 흙 등의 인연에 의해 성장했으며, 종이를 만들기까지 무수한 사람의 손과 기계들로 인해 만들어졌다. 최종적으로 만들어진 종이를 볼 때 여러 요소가 다 그 속에 들어가 있다. 이때 그 작은 개별체 안에 우주의 모든 요소가 다 들어 있음을 상입이라 한다. 앞서 거론했던 일체입一切入은 이렇게 구성되며, 인간 생명의 탄생도 이런 배경 하에서 이루어진다. 이렇듯 비로자나 부처님, 법신의 세계, 법성 안에서 우리는 모두 하나이다. 앞에서 거론된 '일즉일체一卽一切 다즉일多卽一'이 이렇게 시작하여 맺는말이다.

자, 아바타가 나온 김에 다시 기억해보자. 앞에서 들었던 화두를 기억하시는가? 석가모니 부처님은 누구의 노예인가? 노예란 아바타를 말한다. 일단 이만하면 삼신(三神: 법신法身, 보신報身, 화신化身)은 알고도 남겠다.

그렇다면 나는 누구의 꼭두각시인가?

두 손을 맞잡아 얼굴 앞으로 들어 올리고 허리를 공손하게 굽혔다가 펴면서 손을 내린다.

읍揖!

27. 以陀羅尼 無盡寶 이다라니 무진보

'이 다라니 무진 법문 한량없는 보배로세.'

노자께서 지으신 『도덕경』 첫 구절이 "도가도道可道 비상도非常道 명가명名可名 비상명非常名"이라, 도를 도라고 하는 순간 그 도는 진정코 불변의 진리가 아니며, 이름을 지어 부르는 순간 그것은 순수하게 그 자체를 의미하는 이름이 아니다. 도대체 무슨 말인가? 말이 말을 만들어서 뜻을 헷갈리게 하니 오묘하다고 해야 하나, 아니면 일개 술사術士의 말장난에 불과한 말인가?

이를 유식학唯識學에 빗대어 생각해 보자. 앞서 비유했던 일수사견一水四見을 상기시켜 보자. 대상인 물을 보고, 보는 주체에 따라 물을 다 달리 본다. 인간은 마시는 물, 아귀는 피고름, 물고기는 자신의 집, 천인天人은 유리 보석으로 본다. 왜 이런 현상이 생길까? 보는 주체의 상황에 따라, 인연 따라 달리 보인다는 것이다. 즉 내가 어떻게 보느냐에 따라 대상이 변한다는 말이다. 이런 관점에서 볼 때 절대적 대상이란 존재하지 않으며 각자의 인식 주관에 따라 대상은 달라진다는 것이다.

그 좋은 실례가 여기 있다. 언제나 마음에 대해 들먹이면 일반인들도 제일 먼저 떠오르는 그 유명한 원효대사의 해골 물이다. 심하게 갈증 나서 마셨던 어둠 속에 감로수가 아침에는 비위를 상하게 만드는 해골 물이었던 그 일화. 그 일화가 일체유심조 一切唯心造라는 명구名句를 낳게 했다. 우리가 사는 세상 역시 동일한 공간과 시간 속에서 모두 함께 살아가면서도, 제각기 다르게 세상을 해석하고 살아가고 있다. 달리 말하면 각자 다른 세상을 산다. 그래서 그러한 견해는 ~주의主義 또는 이즘(ism)이나 정당, 작게는 패거리를 만드는 원인이 되기도 하다. 이렇게 유식은 대상에 의해 주관이 결정되어 인식하는 것이 아니라 주관에 의해 대상이 결정된다는 인식 주관을 우선시한다.

따라서 『도덕경』의 첫 구절을 결론적으로 정리해 본다면 "이렇게 각자 왜곡된 마음을 가지고서(유식론唯識論) '본래의 도道'에 대하여 '자신의 견해로 본 도(可道)'를 가지고 진정한 도라고 말했으니 어찌 이것이 불변의 '진정한 도(非常道)'일 수 있으랴!"라는 말씀이다. 자신의 부처님, 자기가 임의로 해석한 하나님이 세상

엔 무지하게 많다. 당신만의 부처님과 하나님께서 진짜 부처님과 하나님을 다 내쫓아 버렸으니, 악화가 양화를 구축했노라!

그래서 선가에서는 첫 가르침을 감히 진리에 대해, 부처님 말씀에 대해, 법성에 대해, 도에 대해 일체 입도 뻥긋 못 하게 한다. 말하면 말하는 그 순간 다 그르치기 때문이다. 그래서 생겨난 말이 언어도단言語道斷이다. 이는 말이 끊어진 자리를 보게 하기 위함이다. 심행처멸心行處滅이라, 말이란 생각이 움직인 것이고 움직인 동動은 정靜에 반反하기에, 입정入定이 제대로 되기 전까지는 경도 못 보게 한다. 이때 나온 말이 불립문자不立文字이다.

그러나 불립문자를 제대로 이해한 사람은 그리 많지 않다. 불립문자란 문자를 세우지 않는다고 하여 무조건 글을 읽히지 않고 경전 공부를 시키지 않는 것이 아니다. 견성 후에는 꼭 교학教學을 권하였다. 견성 전의 학습이란 지식을 쌓아 어렴풋이 추측하고 미루어 짐작함으로써 자신이 마치 깨달음을 얻은 것처럼 자신도 속이고 남도 속이기 때문이다. 숲속에 왕이 마땅히 사자가 되어야 하는데, 그 자리를 눈치 빠른 여우새끼가 차지하게 되는 이치다. 줄 없는 거문고인 몰현금沒絃琴을 켤 줄도 모르면서 주워들은 것은 많아서 시끄럽고 잡스런 거문고 소리를 주둥이로 마구 뱉어낸다.

여우들아, 어째서 석가모니 부처님께서 연꽃을 치켜드셨는가?

일러라! 그리하여 가섭 존자께서 무엇을 알았기에 빙그레 미소 지으셨는가? 일러라! 부처님 살림살이를 존자께서 간파하셨다. 어찌 이심전심以心傳心이 되었는가? 심법心法이 참으로 교묘하고 오묘하다. 그러니 선사께서 말씀하지 않으셨는가, 주장자가 없는 자에게는 주장자를 빼앗을 것이요, 주장자가 있는 자에게는 나의 주장자를 허락하노라!

그러나 견성 후 그러한 교학적 지식의 풍부성은 유·불·선·기독의 회통會通을 이루고, 세속의 지식과 지혜도 모두를 아우르게 된다. 따라서 불립문자란 굳이 부처님 말씀(불경佛經)을 앞세워 가르침을 펴는 것이 아니라 세상의 모든 그 어떤 일과 지식으로도 불법을 활발발活潑潑하게 편다는 깊은 의미를 간과해서는 안 된다. 못된 송아지 엉덩이에 뿔난 것처럼 불립문자라 하여 공부 제대로 안하는 스님이나 불자가 제법 많다. 그래서 불서佛書가 잘 안 팔리는 이유가 여기에 한몫한다. 오래전 흑백 TV에서 콧수염을 우스꽝스럽게 붙이고 나와 떠들던 어느 코미디언의 우스개가 생각난다. "공부해서 남 주냐!"

무궁무진한 부처님 법문이라.
부처님께서는 한 자도 설하신 바가 없으시다!
할!

28. 莊嚴法界 實寶殿 장엄법계 실보전

'온 우주 법계를 장엄하여 보배궁전 이루네.'

원융 무애한 사유 방법을 제시한『화엄경』은 신라의 원효 스님과 의상 스님에 의해 일본에까지 그 완연한 빛을 발하게 되었다. 이후 조선시대 매월당 김시습은 의상 스님이 저술한『화엄일승법계도』를 주석하여『화엄일승법계도주병서』를 저술했다. 화엄의 교학과 선을 조화시킨 주석서는『벽암록』의 착어와 수시의 형식을 따르고 있다. 교리적 주석서가 아닌 선문답과 같은 격식을 차려 주석을 달았다.

그는 깨달음의 세계를 자신의 목소리로 표현해 보라고 요구한다.「법성게」의 210자도 그저 수연隨緣으로 이루어진 것일 뿐, 의상 대사가 한 자도 설하기 전의 소식을 일러 보라고 다그친다. 결국 진리란 언어를 넘어서 있다는 점을 강조했다.

현실과 이상이 조화롭게 합일되는 상즉상입相卽相入의 화엄사상은 또한 현실은 현실대로, 이상은 이상대로 펼쳐지기도 한다. 풍수에서 무슨 무슨 동천洞天이라고 땅의 지명이 붙는 경우가 있다. 이때 동천의 의미는 그 땅은 이미 하늘에서 이루어진 것과 같은 기운을 지닌 형국의 땅이라는 것이다. 예를 들어 어느 지역이 연화동천蓮花洞天이라면 그 땅은 하늘의 연화동천과 똑같은 기운을 지니고 있다. 기독교의 주기도문에서는 '하늘에서 이루어진 것처럼 땅에서도 이루어지게 하소서'라는 대목이 바로 이를 두고 한 말이다. 그렇다면 현실 세계인 속세에서 불교적 이상향의 건설은 하늘의 극락보전을 장엄하는 것(실보전實寶殿)과 다름이 없다. 개별적 수행으로 무명에서 벗어나 법성의 자리에 들어가며, 보림을 통해 바라밀을 행함이 일면一面 또한 법계를 장엄하는 행위이다.

『화엄경』「십지품」에서는 각각의 십바라밀을 다음과 같이 설명하고 있다. 부처님의 지혜를 구하며, 선을 중생에게 회향하는 일, 이것이 보시바라밀이다. 번뇌의 불꽃을 끄는 일, 이것이 지계바라밀이다. 자비한 마음으로 중생에 대해 참는 일, 이것이 인욕바라밀이다. 선을 쉬지 않고 닦는 일, 이것이 정진바라밀이다. 전

지자의 지혜를 실현코자 어지러움이 없는 도를 갖추는 일, 이것이 선정바라밀이다. 모든 것이 본래 불생不生임을 아는 일, 이것이 지혜바라밀이다. 헤아릴 수 없는 지혜를 완성하는 일, 이것이 방편바라밀이다. 훌륭한 지혜를 얻으려는 원을 세우는 일, 이것이 원願바라밀이다. 외도의 논설과 악마에 의해 도가 끊이지 않는 일, 이것이 역力바라밀이다. 모든 것에 대해 있는 그대로 지혜를 내는 일, 이것이 지智바라밀이다.

그럼 법계는 누가 장엄할까? 바로 보살이다. 『화엄경』「명법품」에서 보살은 중생의 취향에 따라 가르침을 설한다.

탐욕이 많은 이에게는 탐욕을 버리라고 하고, 성내는 이에게는 평등한 관찰을 가르치며, 그릇된 견해를 가진 자에게는 인연의 관찰을 가르치며, 소승을 추구하는 이에게는 적정寂靜의 행을 가르치고, 대승을 원하는 이에게는 불도의 장엄莊嚴을 가르친다고 되어 있다. 또한 보살이 중생을 구제함에 있어서 자비의 힘으로 무명을 밝혀 마음의 때와 번뇌를 없애며 모든 악도와 재난을 떠나 진리를 가르쳐 중생의 눈을 뜨게 한다. 이와 같이 수행하여 무량한 법을 차례로 익혀 드디어 여래의 경지에 도달하게 된다.

보살은 이렇게 다양하고 많은 방편을 구사하여 중생을 위한 보물창고를 열어주는 데 전혀 피곤함이 없다. 법계의 보물창고를 열어 중생에게 쏟아 붓는 보살의 이런 행위가 법계를 장엄하는 것이며 극락보전을 보배로 치장하여 가득 채우는 행위인 것이다. 그래서 제각각 수행을 통해 깨달음을 얻고 보살이 되어 한 송이 연꽃으로 피어나는 것이 연화장 세계를 꾸미는 일이요, 동시에 한 세계 안에서 무수한 연꽃을 피우려는 마음이 보살의 마음인 것이다.

신라 경덕왕 때였다. 희명希明이란 여자아이가 있었다. 다섯 살이 되던 해 갑자기 눈이 멀어서 앞을 볼 수가 없었다. 하루는 그 어미가 아이를 안고 분황사芬皇寺 좌전 북벽에 걸려 있는 천수대비관음千手大悲觀音 앞으로 나아갔다. 그리고 아이에게 이 노래를 지어 부르게 하였더니, 마침내 눈이 다시 밝아졌다는 이야기가 전해진다.

무릎을 치고와
두손 몯고 다가가며
즈믄손 관음보살께
빌어 사뢰 두옵나니
즈믄손 즈믄눈을
같은 것에 하나를 더소서.

둘이 먼 내라

하나쯤 주셔도 지나오리.

아사라, 나에게 끼쳐줄 것을

어디쓰을 자비심인고.

두 손 합장하여 당신께 나아갑니다.

천개의 손과 천개의 눈을 지닌 님이시여!

간절히 원하옵나니 둘이면 좋겠지만

그 중 제발 하나만이라도

대자비의 마음 베풀어 딸아이에게 주소서!

이것이 바로 보살이 법계를 장엄하는 숭고한 대자비의 마음이며, 눈 먼 희명이 같은 중생을 사랑하는 성모聖母로서, 어머니는 아이의 영원한 보배궁전이다.

나의 스승께서는 입적하시기 전 어느 날 밤, 방 안에서 갑자기 "어머니!" 하고 고함치셨다. 이에 놀란 공양주가 뛰어 들어가 "아니, 다 큰 어른이 왜 어머니를 찾고 난리십니까?" 하니 스승께서 말씀하시길 "육신의 어머니가 아니라 이 우주의 어머니를 부른 것이었네"라고 하셨다.

그러니 노파심에 다시 또 이른다. 이러한 모든 비유를 바깥 경계로 대한다면 우상숭배요, 미신이며, 희명이처럼 눈이 먼 맹신이 된다. 억!

나무 관세음보살 마하살南無觀世音菩薩摩訶薩!

29. 窮坐實際 中道床 궁좌실제 중도상

'법성의 무궁한 자리, 중도의 자리에 앉았으니'

석가모니 부처님께서는 29세에 출가하기 전 왕궁에서 물질적 풍요를 누리며 쾌락에도 젖어보고 35세에 깨달음을 얻기까지 6년간의 고행도 해 보았다. 그러나 이런 낙행樂行도 고행苦行도 인생의 문제를 푸는 참된 해결책이 아님을 아시고 깨달은 것이 바로 중도中道였다.

　이것을 깨닫고 처음 다섯 제자에게 전법하여 가르치신 것은 양 극단의 견해에 치우치지 말고 팔정도의 수행으로써 이를 실천해 나아가야 한다는 '고락중도苦樂中道'였다. 이처럼 중도란 치우치지 않는 바른 도리를 말한다. 치우치지 말라는 것은 양 극단에 집착하지 말라는 의미이다. 중도中道의 중中이란 엄격히 말해서 중간을 뜻하는 말도 아니다. 만일 '가운데다'라고 주장한다면 순간 '가운데 아닌 것'과 극을 이루기 때문이다. 이렇게 중도라는 진리는 이미 자체적으로도 대립적 개념을 벗어난 정의를 내포하고 있다.

초기 고락으로 시작한 중도의 개념적 범위는 생멸生滅, 단상斷常, 일이一異, 래거來去 등으로 다양하게 확장되어 간다. 이 여덟 가지 잘못된 견해(생멸, 단상, 일이, 거래)를 떠나서 무소득(無所得: 얻을 바가 없는)의 바른 견해에 머무는 것을 '팔부중도八不中道'라고 한다. 그러니 불생불멸不生不滅이요, 부단부상不斷不常이며, 불일불이不一不異요, 불거불래不去不來이다. 이와 같이 공空·유有에 구애받지 않는 무득정관無得正觀에 있는 것이 중도이다. 무득無得의 의미는 어떠한 견해를 취하지 않는다. 따라서 버리거나 취하지도 않으니 이것이 바로 선禪이요, 『반야심경』의 핵심인 이무소득고(以無所得故: 얻을 바가 없는 까닭에)가 바로 중도를 나타내는 말이다.

있다는 것은 없다는 것을 전제로 존재한다. 연기의 법칙이 이러하다. 그러나 있다고 있는 것이 아니며 없다고 없는 것이 아니다. 있는 것도 아니고 없는 것도 아니며, 그렇다고 있지 않는 것도 아니며 없지 않는 것도 아니다. 그래서 양극단을 벗어나면 있는 것은 있는 대로, 없는 것은 없는 대로 조화롭게 공존할 때 서로가 빛난다. 이때가 바로 중도이다.

앞서 뗏목의 비유에서 강을 건너면 뗏목도 버리라는 말씀 역시 중도를 가르치는 대목이다. 만일 어떤 사람이 아파서 약을 먹고 다 나은 후, 건강하기에 그 약이 필요가 없어 더 이상 사용하지 않는 것도 중도이다. 생각(견해, 집착)을 벗어난 중도적 생활은 이렇게 자유자재하다. 중도를 통해 자유를 얻어 그 무엇에도 걸림이 없는 대자유인이 된다는 말은 이를 두고 한 말이다.

석가모니 부처님의 가르침은 대승 중관파 용수의 중론에서 다시 꽃을 피운다. 이는 연기緣起와 공성空性을 중도로 보고 만유를 설했기 때문이다. 체성이 공하기 때문에 인연생기因緣生起하는 것이며, 생기하는 인연은 실체가 있지 않아 그 본질은 공하다는 것이다.

이를 천태종의 지의 스님은 『중론』에 의거하여 공空·가假·중中으로 설하였다. 간략하게 정의하자면, 모든 존재는 자성(실체)이 없다는 진제眞諦로서의 공空, 모든 것은 변하기 때문에 실제의 객관은 없다는 속제俗諦로서의 가假, 공에도 가에도 치우치지 않는 비유비공非有非空의 진리로서의 중中이다. 진眞과 속俗은 공空과 가假로서 이 둘을 회통시키는 것이 중中이다. 이런 논리는 결국 모든 법, 제법의 실상實相은 중도에 있음을 가르치기 위함이다. 가假의 세계인 속세에서 그 모든 실체가 공임을 깨달아 중도의 길로 걸어 나와 다시 속세로 들어선다면 그때 비로소 중도의 길을 가는 것이다. 그래서 이는 세 가지 요소 중 어느 하나가 빠지더라도 관계가 성립되지 않기에, 이 셋의 관계를 삼제원융三諦圓融이라 한다.

우리의 역사에서 신라 원효 스님은 비유비무非有非無로써 중도中道의 뜻을 잘 드러냈으며 여러 저술을 통해 화쟁사상和諍思想을 펼쳤다. 고려 대각국사 의천 스님은 진리는 말이나 형상이 없지만 말이나 형상을 여읜 것도 아니라고 했다. 그러면서 교학자教學者는 안을 버리고 밖에서 구하며, 습선인習禪人은 인연법을 모르고 안으로만 밝혀 편향 집착한다고 하면서 중도中道로서 수행할 것을 권면하였다.

이렇게 중도中道의 개념은 무궁무한하기에 '궁좌窮坐'라는 단어에서 궁窮은 무궁무진無窮無盡한 궁窮의 의미로 사용했다. 무한한 우주를 다 덮고도 남음이 있는 넓이의 자리가 중도의 자리요, 높이로는 가장 높아 더 이상 다다를 수 없는 높이의 자리가 중도의 자리다. 그러한 깨달음을 얻어 우주법계의 가장 높고 넓은 자리에 앉으신 분이 바로 세존이며, 어떤 중생이라도 깨달아 정각에 이르면 그 자리를 바로 양보해 주시는 분이기도 하다.

'실제實際'란 법성에 의해 있는 그대로 드러난 현실 세계를 말하며, 있는 그대로 드러난 현실 세계는 법성과 둘이 아니다. 이는 현실과 이상, 두 양변을 동시에 아우르는 관념적 범위를 뜻하기도 한다. 일체 법은 세속世俗에서는 무無가 아니라 유有이며, 승의勝義에서는 유가 아니라 무이다. 따라서 중도상中道床이라는 의미는 어느 한쪽으로만 치우친 것이 아니라, 중도는 유에서도 실재이고 무에서도 실재이며, 현실 세계에서도 중도는 통하고 이상 세계에서도 통한다는 뜻이다. 양극단은 언제나 중도의 든든한 상床 위에 있다. 그래서 중도로 인하여 양극단이 성립하고 상호 조화로울 수 있다.

'궁좌실제窮坐實際 중도상中道床'을 하나로 요약하자면 이렇다. 법성의 무궁한 자리(窮坐)는 이미 광활한 우주를 떠받치고 있으며(實際), 중도가 상床으로써 받쳐주는 양극단인 세속과 법성은 동시에 공존하며(中道床), '진여에 의해 있는 그대로 드러난 우주 삼라만상(實際)'은 법성과 둘이 아니다. 그러므로 우리는 무상無相이 실상實相임을 증득하여 우주법계의 텅 빈 충만함으로 현실을 살아가야 하겠다.

대개 언어적 습관에 붙들려 말에 속으면, 그 말에 생각이 나도 모르게 따라간다. 결국은 있는 그대로 보지 못해서 제대로 된 판단을 하지 못하고 일을 그르치고 만다. 무상無相에도 속지 말고, 실상實相에도 속지 마라. 가끔 나의 스승께서는 큰 나무 밑에 앉으면 항상 상대에게 물으셨다. "이 늙고 오래된 큰 나무의 가지가 꼬불꼬불한데 어떡하면 이 꼬불꼬불한 나뭇가지를 바로 볼 수 있겠니?" 이 질문은 대부분 사람들이 '바로 볼 수'라는 말과 '꼬불꼬불'이라는 말을 대립적 구도로서 무의식적으로 인식하기 때문에 '그냥 꼬불꼬불하게 보는 것이 바로 보는 것입니다'라고 즉시 답을 못한다.

생각이 일어난 자리에서, 즉 자신의 치우친 견해, 선입견에서 판단하면 모두 다 그 답은 오답이다. 가장 중요한 사실 하나, 바로 중도의 자리를 벗어났기 때문이다. 그래서 나의 스승께서는 선 수행에서 중도로 가는 길을 친절하게 안내하는 방편으로 항상 '생각하지 마라'고 일갈하셨다. 생각이 다 끊어진 곳에서 대상을 바라보면 그 순간 이미 중도의 자리(중도상中道床)에 앉아 있기 때문이다.

30. 舊來不動 名爲佛 구래부동 명위불

'예부터 움직이지 않은 것을 일러 부처라 했네.'

여기서 구래舊來의 뜻은 세월을 의미하지 않는다. 굳이 시간을 나타낸다면 몇억만 년, 몇 겁의 세월이라고 표현해도 그 세월을 다 말할 수는 없다. 먼저 부동不動의 속성을 파악한다면 구래를 알 수 있다. 다시 말해서 부동은 시간과 공간을 넘어선 법성의 자리이기에, 구래는 '시공간을 넘어서'라고 풀이하는 것이 타당하다 하겠다. 굳이 다시 정리하자면 '시공간을 넘어선 부동을 부처라고 부르네'가 되지 않을까. 부동은 앞에 나온 '무명무상절일체無名無相絶一切', 이름도 상도 일체가 다 끊어졌다는 표현과 다르지 않다.

부동의 부처로는 사찰에 모신 불상을 따라갈 것이 없겠으나,

여기서 부동은 진제眞諦로서 체성體性을 의미한다. 그러나 용用에 나와서는 폭포수와 같이 동動으로서 성성惺惺해야 한다. 어떤 경계를 대할 때 쌍雙으로 볼 줄 아는 지혜의 눈을 뜨지 못했다면 일반적으로 가만히 앉아서 좌선하거나 고요한 정을 유지하려고 애쓰는 것이 부처를 이루는 것으로 착각한다. 게다가 부동, 즉 공空에 사로잡혀서 소극적이고 피동적인 인생을 살아간다.

자, 벽돌을 갈아 거울을 만드는 허무맹랑한 짓을 멈추고, 수레에 채찍을 가하지 않고 바로 소를 때려야 바퀴가 굴러간다는 사실을 새삼스럽게 상기해 보자. 중도의 눈이 반짝이기 시작하면 동적인 것은 이미 정적인 면을 내포하고 있음을 간과하지 않는다. 이를 두고 나의 스승께서는 폭포수를 일러 부동여래不動如來라고 하셨다. 무정설법無情說法과도 같은, 불안佛眼을 얻으신 가르침이다.

앞서 설명했던 상즉상입相卽相入의 논리로서 이 세상에서 가장 작은 한 알의 씨앗조차 우주를 담고 있다는 진리를 깨달았을 때, 우주의 질서와 법성을 고스란히 담고 있는 씨앗 한 알, 그 씨의 체성은 부동하기에, 즉 우주의 법칙을 이미 간직하였기에, 실체가 없기에, 연기하기에 이미 부처인 것이다. 그래서 중국의 시인 소동파(蘇東坡, 1036~1101)는 두두물물頭頭物物이 부처요, 발길 닿는 곳마다 일체가 다 선禪임을 무처불시선無處不是禪으로 노래했다. 이는 소동파가 동림상총(東林常總, 1025~1091, 임제종 황룡파) 선사로부터 받은 무정설법無情說法에 대한 화두를 참구하던 중, 여산 폭포 앞을 지나다가 폭포 소리를 듣고 깨친 후 읊조린「계성산색溪聲山色」이라는 개오시開悟詩이다.

계성변시광장설溪聲便是廣長舌
산색기비청정신山色豈非清淨身
야래팔만사천게夜來八萬四千偈
타일여하거사인他日如何舉示人

시냇물 소리는 부처님의 설법이요
산 빛은 깨끗한 법신일세.
밤새 쏟아내는 팔만사천 게송
어떻게 그대에게 설명할 수 있을까.

『아미타경』에서는 "흐르는 물과 새들, 그리고 수목들이 모두 염불을 하고 법을 설한다"고 하였다. 부동의 자리, 생각이 끊어진 자리, 법성의 자리에서는 물소리에서도 부처를 찾고 큰산을 보고도 법신임을 알아본다. 그럼 오온이 공하여 청정함을 이루었으니 무엇이 청정하다는 말일까? 무정설법을 듣는 이 경지에서는 귀로 보고, 눈으로 듣는다. 그럼 보고 듣는 그놈은 무엇인가? 부처는 부처를 알아보고 중생은 중생을 알아본다. 소통疏通이란 언제나 평등한 자리에서 왕래하기 때문이다. 그래서 옛사람이 이르길 동해 바다의 넓고 푸르름을 우물 속 개구리와 논하지 말라고 했다. 알겠는가? 부동의 부처는 시공간을 넘어 불생불멸이다. 나무아미타불!

움직이지 않는 마음을 부처라 한다. 부처는 홀로 설 수 없다. 그러나 부처는 교教와 짝하지 않고 법法과 짝한다. 그래서 불교는 종교가 아니다. 신을 모시는 것도 아니요, 극락과 천국에 들어가는 것을 염원하지도 않는다. 불佛은 이 우주 법계 속에서 밝게 드러나며, 법은 불을 만나야 바르게 흘러간다. 자연 그대로 드러난 이 우주를 법이라 하니, 움직이지 않는 마음(佛)이 우주(法)를 담고 있다.

한편, 신라의 삼국통일 전후로 불교가 종교와 문화로서 얼마나 융성했는가는 지명地名으로도 유추할 수 있다. 제주도는 탐라耽羅라고 했는데 이는 당시 실론 섬(스리랑카)을 탐몰라주耽沒羅洲라고 부르는 데 착안하였고, 가야국은 부처님의 성지 부다가야에서 따온 국호다. 신라新羅는 부처님 재세 시 기원정사가 있었던 사위성, 곧 슈라바스티의 한자 음역어이고, 지금의 '서울'도 슈라바스티에 그 어원을 두고 있다. 경기도에 있는 '안양安養'은 아미타불의 정토, 극락의 다른 표현이다.

　이제 「법성게」를 쓴 인연을 마지막으로 살펴볼 차례다. 원효 스님은 일체유심조一切唯心造를 깨우치고 신라로 돌아갔으나, 의상義湘 스님은 불교가 융성한 신라에서 이미 '한 소식'했다. 그렇게 불교가 융성했던 신라에서 이제는 교학적으로 불교의 진수인 『화엄경』을 공부하기 위해 중국으로 건너가려고 결심했던 마음을 그 무엇으로도 되돌릴 수는 없었다.

　결국 당나라에 건너간 의상 스님은 화엄종의 2조인 지엄智儼 스님 문하에서 공부하였다. 『화엄경』 80권을 다 공부하고, 화엄사상의 핵심요체를 가장 잘 함축하여 나타낸 「법성게」를 지어 스승에게 인가를 받았다. 그리고 「법성게」의 본 이름인 「화엄일승법계도華嚴一乘法界圖」를 그렸다. 도안圖案은 7언言 송구頌句 30송으로 도합 210의 글자를 도인圖印으로 배치하였다. 들어가는 말에서도 이미 언급한 것처럼 「법성게」는 보살도에 입문하는 입학장이자 동시에 윤회를 마치는 졸업장과도 같다. 그래서 의상 스님께서는 공부를 다 마친 후학들에게 법계도法界圖를 한 장씩 선물하시곤 했다는 말이 전해지고 있다.

　달리 해인도海印圖라고도 불리는 도안에 대해서는 여기에서는 별도로 설명하지 않겠다. 대신 의상 스님께서 「법성게」의 첫머리에 「법성게」를 지으신 동기에 대해 "이理에 의하고 교敎에 근거하여 간단한 반시槃詩를 만들어 이름에 집착하는 무리들로 하여금 그 이름마저 없는 참된 근원으로 돌아가게 하기 위해서다"라고 밝힌 점을 부디 잊지 않았으면 좋겠다. 그래서 「법성게」는 법法으로 시작해서 불佛로 맺음으로써 불법佛法을 완성하였다.

시창 합장!

法性圓融無二相　諸法不動本來寂
無名無相絕一切　證智所知非餘境
真性甚深極微妙　不守自性隨緣成
一中一切多中一　一即一切多即一
一微塵中含十方　一切塵中亦如是
無量遠劫即一念　一念即是無量劫
九世十世互相即　仍不雜亂隔別成
初發心時便正覺　生死涅槃常共和
理事冥然無分別　十佛普賢大人境
能仁海印三昧中　繁出如意不思議
雨寶益生滿虛空　眾生隨器得利益
是故行者還本際　叵息妄想必不得
無緣善巧捉如意　歸家隨分得資糧
以陀羅尼無盡寶　莊嚴法界實寶殿
窮坐實際中道床　舊來不動名為佛

시창是窓 김상백金相伯

1961년에 태어나, 중앙대학교 무역학과를 졸업하였다. 대학 1학년 때 선배를 따라 경북 풍기에 있는 성혈사에 갔다가, 당시 주지였던 봉철 스님과 인연을 맺고 시창是窓이라는 불명을 받았다. 그리고 20년이 훌쩍 지나서 봉철 스님과의 인연이 다시 이어졌고, 2011년 스님이 입적하실 때까지 가르침을 받았다. 지은 책으로 『은그릇에 흰 눈을 담다』, 『행복을 좇아가지 마라』, 『극락도 불태워 버려라』가 있다.

법성게 강해

초판 1쇄 발행 2014년 7월 7일 | **초판 2쇄 발행** 2016년 8월 30일
의상대사 지음 | 김상백 풀이 | 펴낸이 김시열
펴낸곳 도서출판 운주사

(02832) 서울시 성북구 동소문로 67-1 성심빌딩 3층

전화 (02) 926-8361 | 팩스 0505-115-8361

ISBN 978-89-5746-381-9 03220   값 12,000원

http://cafe.daum.net/unjubooks 〈다음카페: 도서출판 운주사〉